JN117516

光村の国語

広げる、まとめる、思考ツール 1

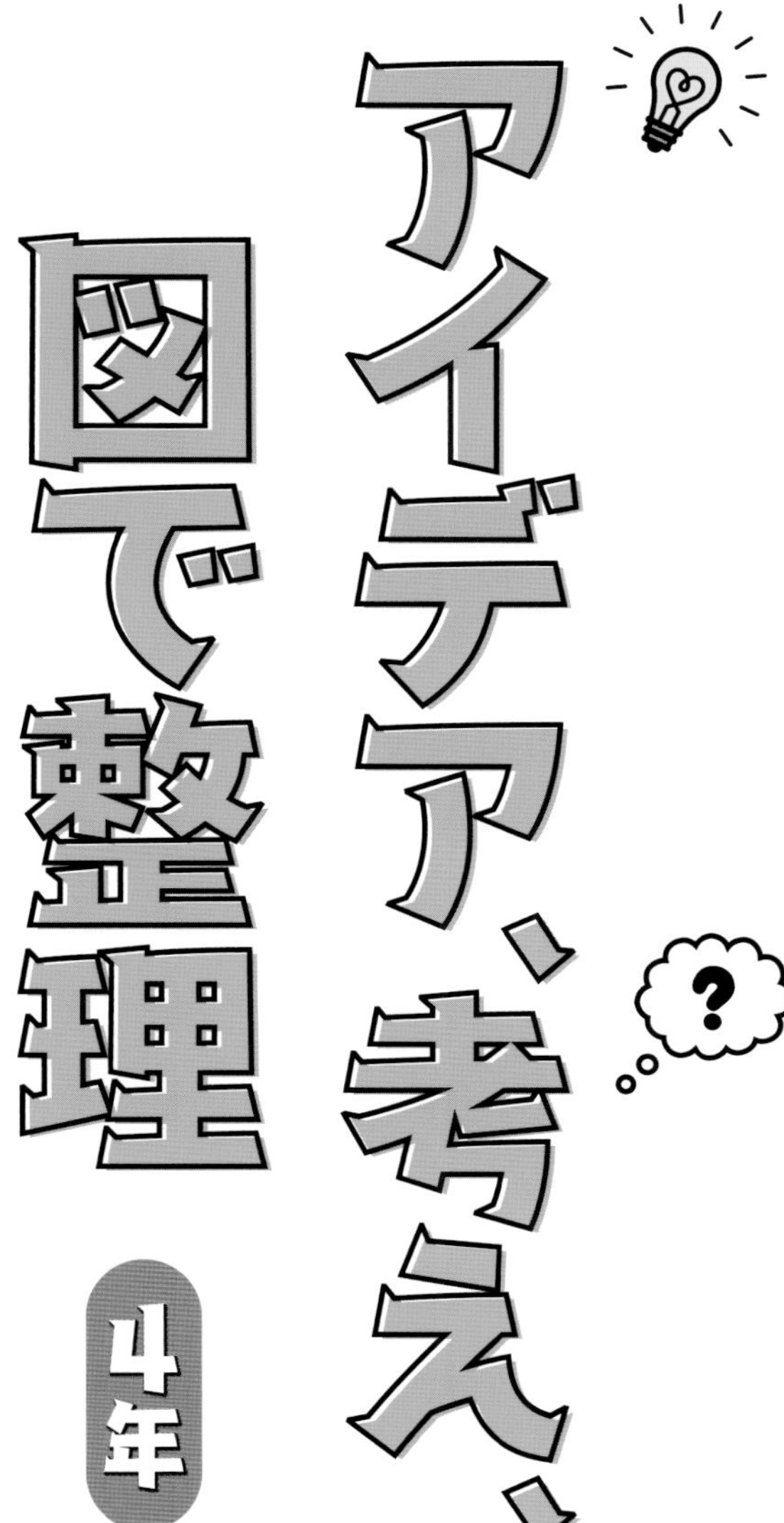
アイデア、考え、
図で整理
4年

アイデア、考え、図で整理 4年

光村教育図書

アイデア、考え、図で整理

4年

目次

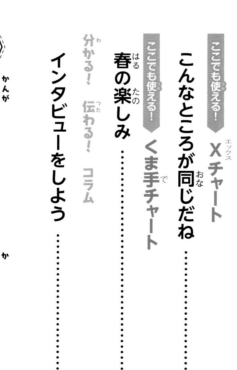

この本の構成

●思考ツールとは、アイデアや考え、じょうほうなどを目に見える形で整理し、まとめるための手段です。この本では、思考ツールを、国語科などの学習の場面や日常生活の中で、実際に活用する例をしょうかいしています。

●本編は①、②、③の三つで構成されています。それぞれのタイトルと見出し（1、2、3……）は、*光村図書の国語教科書と対応しています。

●本編①、②、③について

①、②、③それぞれの言語活動を行ううえで、思考ツールを活用した実践例をしょうかいしています。

光村図書の国語教科書4年の教材名に対応しています。

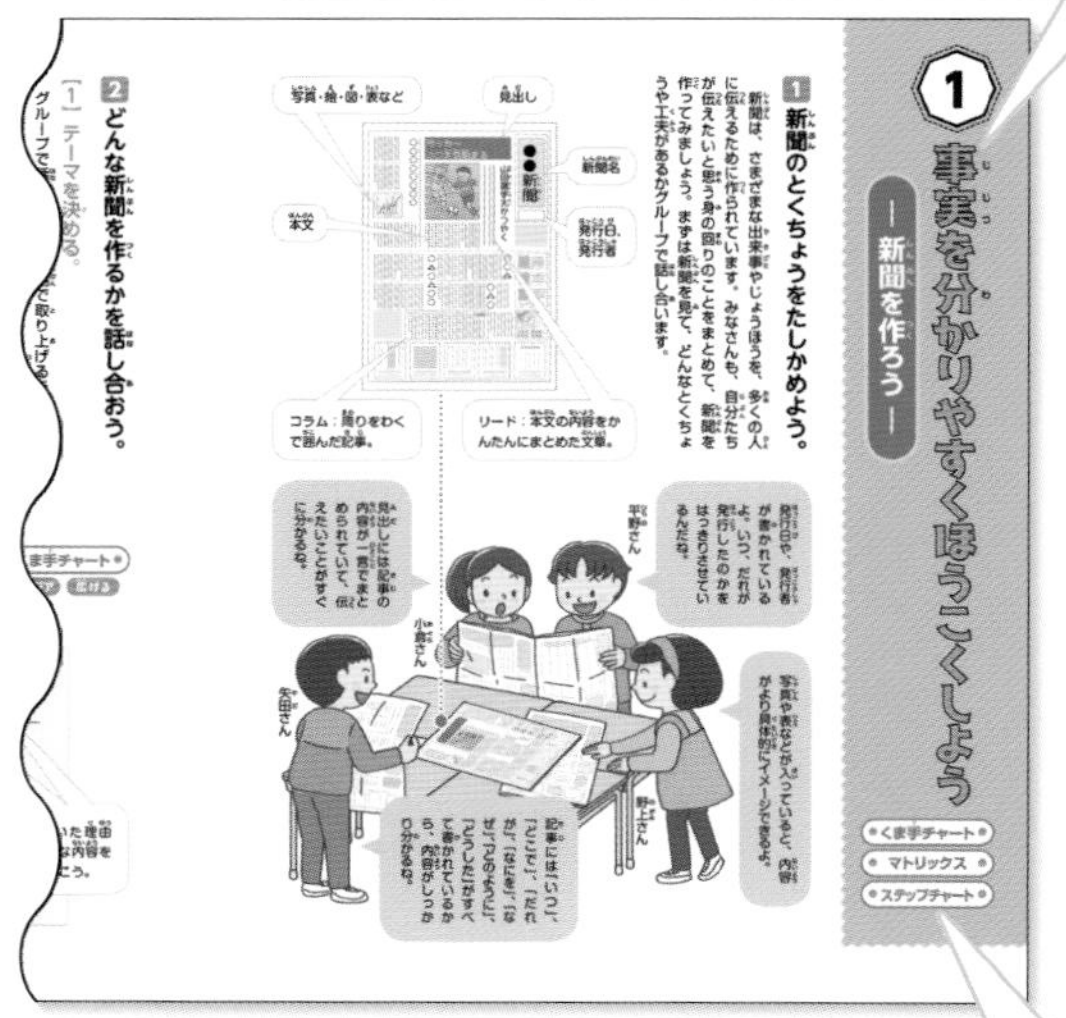

① 事実を分かりやすくほうこくしよう
— 新聞を作ろう —
1 新聞のとくちょうをたしかめよう。
2 どんな新聞を作るかを話し合おう。
くま手チャート
マトリックス
ステップチャート

ここで取り上げる思考ツールをしめしています。

活用する思考ツールの名前をしめしています。

思考ツールを活用する手順を説明しています。

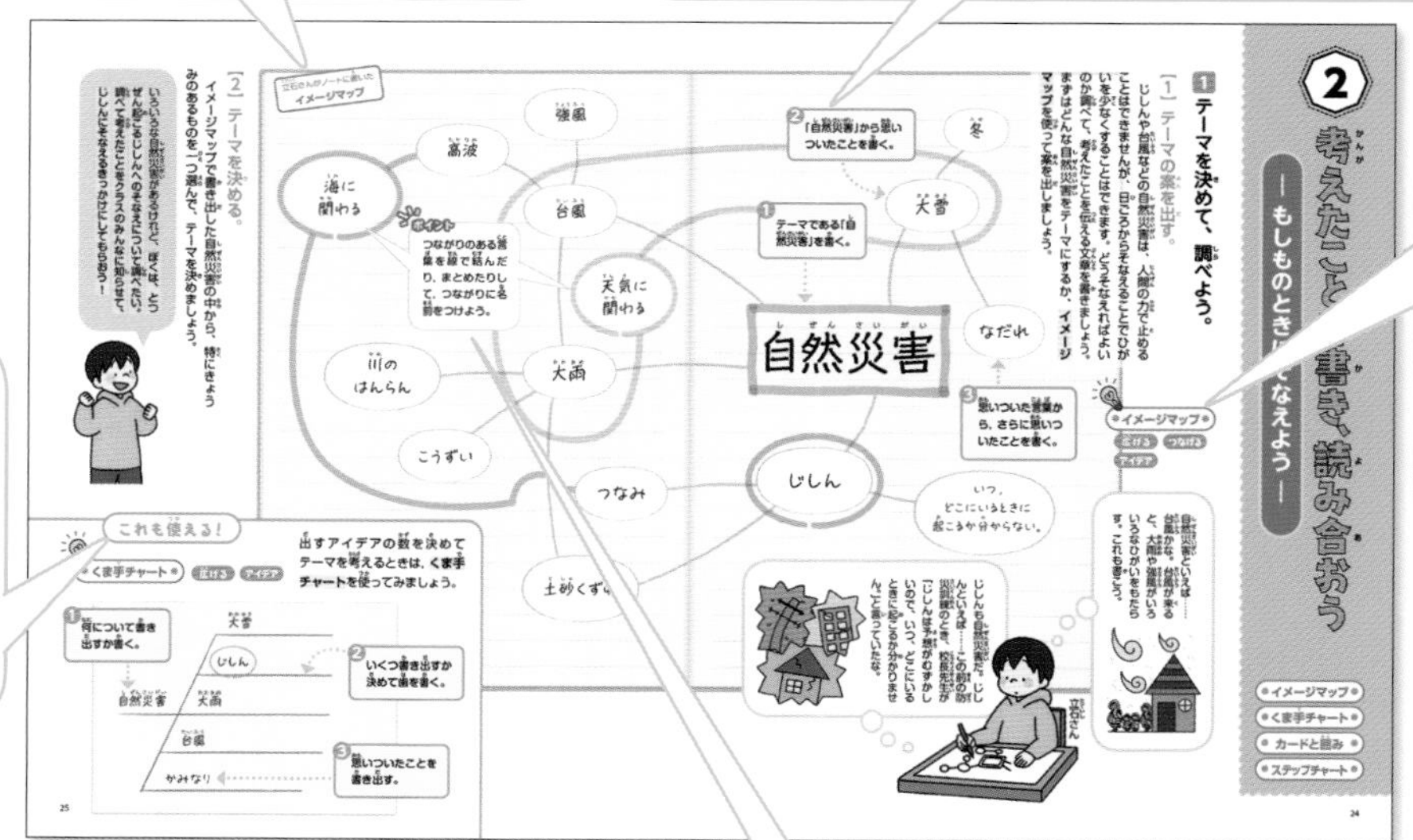

② 考えたことを書き、読み合おう
— もしものときにそなえよう —
1 テーマを決めて、調べよう。
イメージマップ
自然災害
これも使える！

この言語活動で活用する思考ツールと、その目的をしめしています。

同じ言語活動を、別の思考ツールで進める場合の例をしょうかいしています。

本文の中で(→○ページ)としめしてあるページは、内容についてよりくわしく説明しているページです。

思考ツールを活用するときのポイントをしめしています。

*令和2～5年度用

●「ここでも使える！」について

本編①、②、③とはことなる言語活動で、思考ツールを使った例をしょうかいしています。

ここで活用する思考ツールをしめしています。

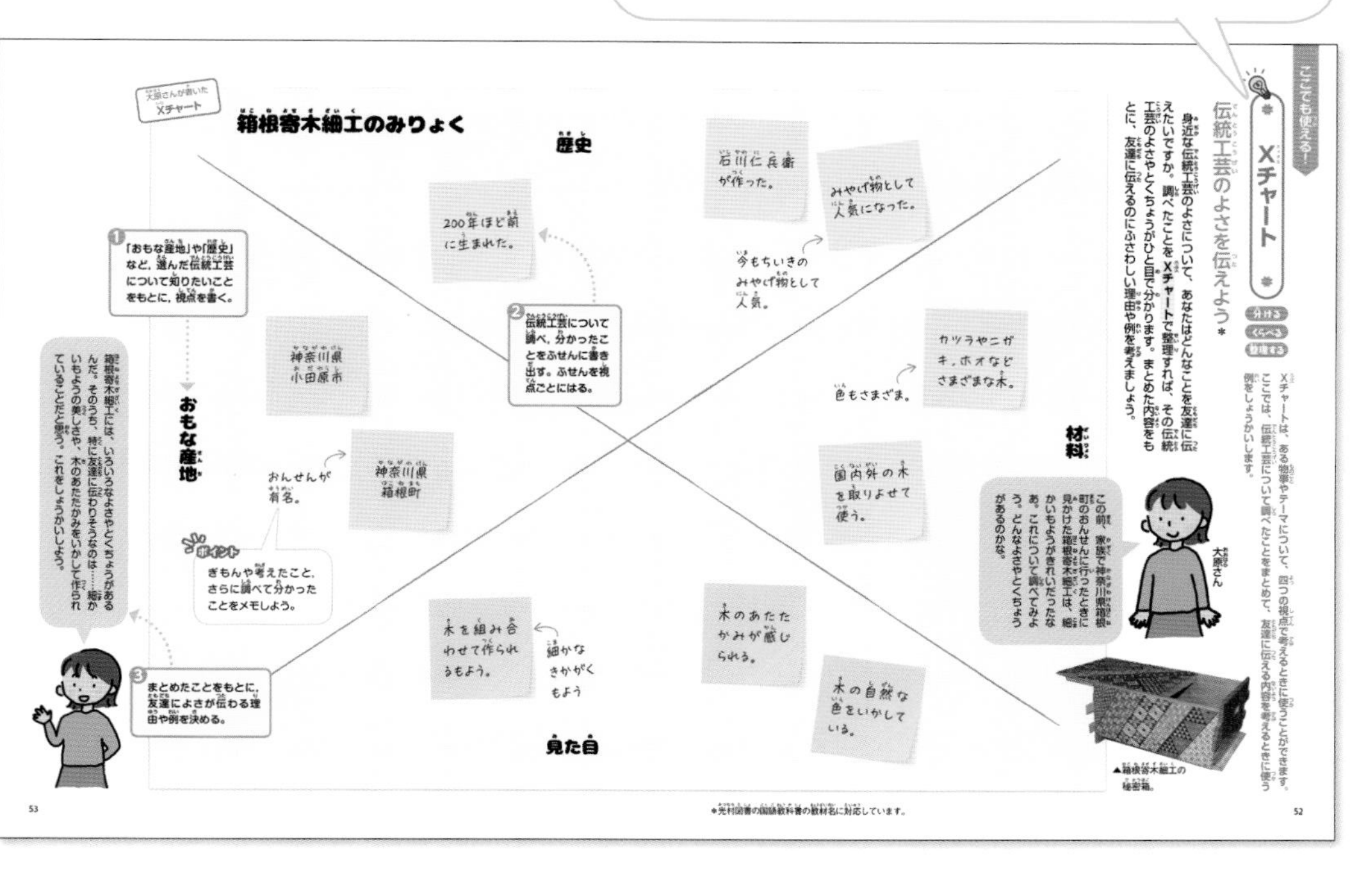

ここでも使える！
Xチャート
伝統工芸のよさを伝えよう
大原さんが書いたXチャート
箱根寄木細工のみりょく
歴史
材料
見た目
おもな産地
神奈川県小田原市
神奈川県箱根町
200年ほど前に生まれた。
石川仁兵衛が作った。
みやげ物として人気になった。
カツラやミズキ、ホオなどさまざまな木。
国内外の木を取りよせて使う。
木のあたたかみが感じられる。
木の自然な色をいかしている。
木を組み合わせて作られるもよう。

●「分かる！伝わる！コラム」について

①、②、③の最後には、それぞれの本編の内容に関わるコラムがあります。

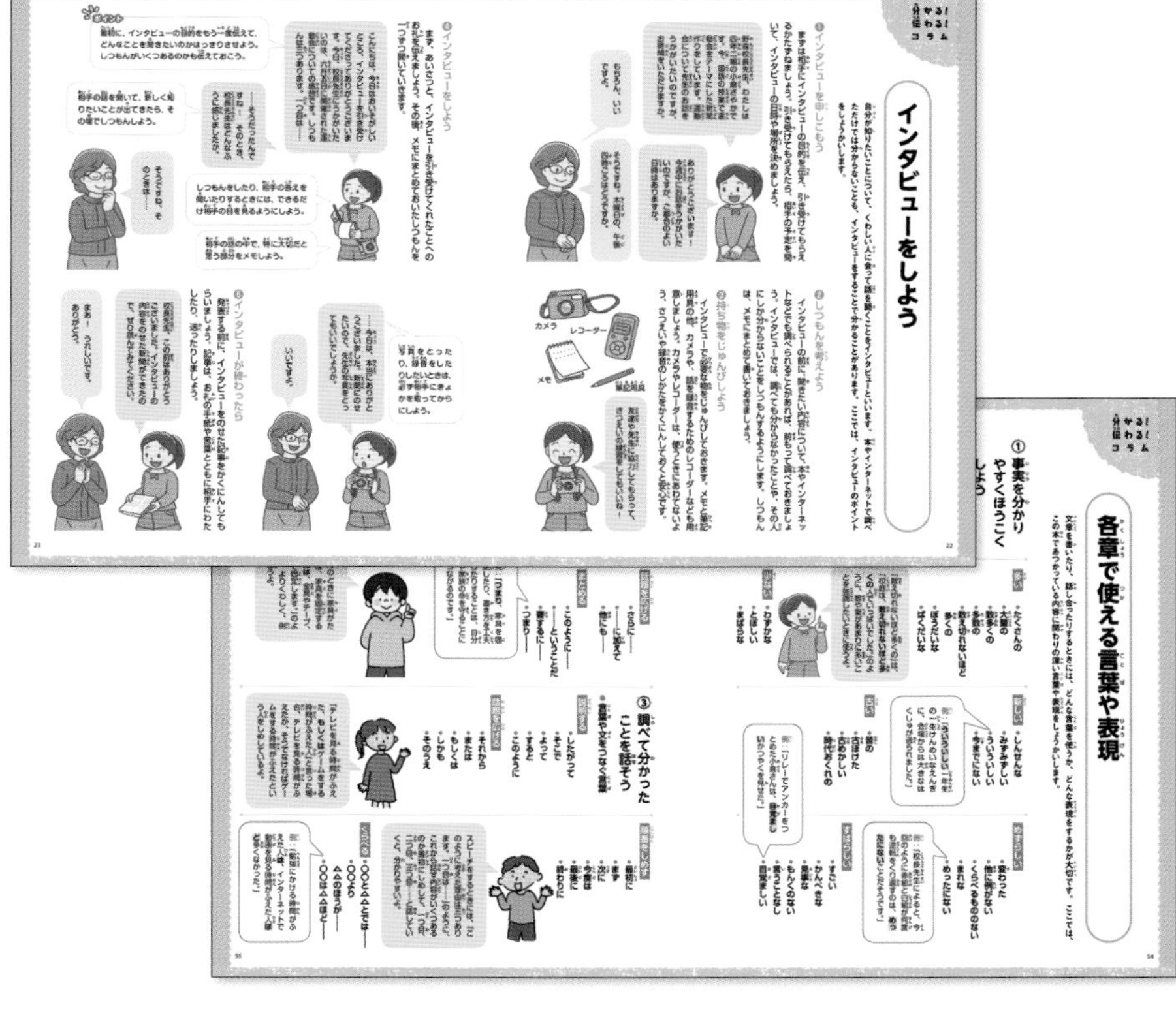

インタビューをしよう
各章で使える言葉や表現

●「資料」について

図書館やインターネットの活用のしかたや、文章の基本的な書き方などについての資料をのせています。

この本であつかう思考ツール

●1巻では、8種類の思考ツールの使い方をしょうかいしています。それぞれの思考ツールの基本的な使い方と、どんな目的で使うと便利かを表にしました。目的に合わせて、工夫しながら使ってみましょう。

いろいろな形の思考ツールがあるんだね。

	まとめる	分ける	くらべる	つなげる	整理する	アイデア	評価する	計画する	視点を変える	順番を考える
						★				
		★	★		★					
				★		★				
								★		★
	★				★	★				
			★				★			
		★	★		★				★	
		★	★		★				★	

思考ツール		しょうかいページ	広げる
くま手チャート	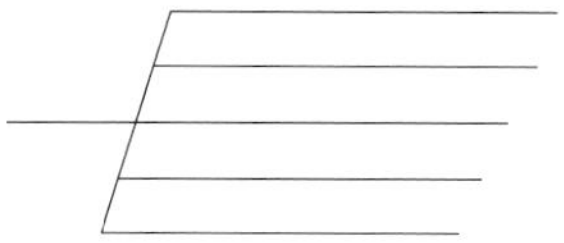 一つのことがらについて，あらかじめ視点を決めて，関連することやアイデア，提案などを，くま手の「歯」の数だけ書き出すときに使います。	9,15,20,25,26,40	★
マトリックス(表)	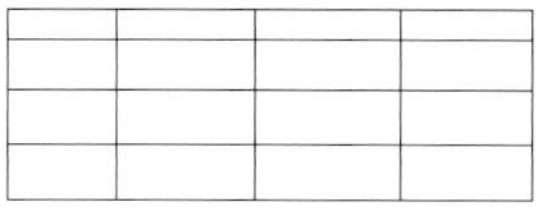 表のことです。たてとよこの見出しに整理する項目を，それぞれのわくに内容を書き入れて，くらべたり整理したりするときに使います。	10,12,16,44,46	
イメージマップ	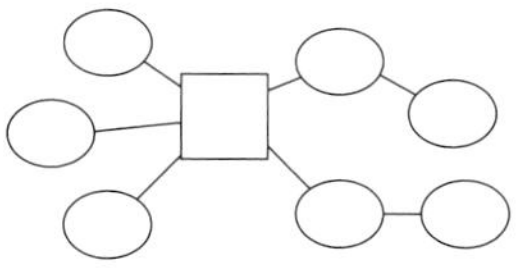 一つの言葉や物事，話題から，アイデアを出したり，広げたりするために使います。	24,36	★
ステップチャート	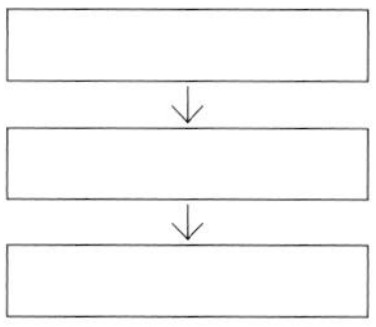 文章に書く順番を考えたり，出来事の順番や手順を整理したりするために使います。	14,30,47	
ふせんと囲み カードと囲み	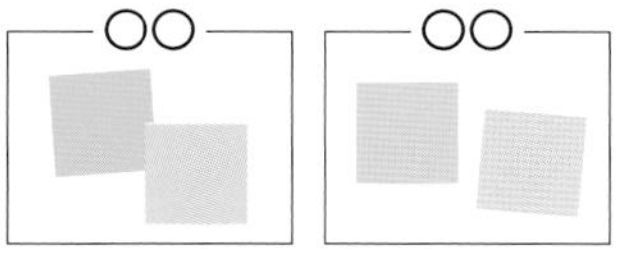 さまざまな意見やじょうほうの共通点を見つけ，グループ分けするときに使います。	28,34,44	
座標軸	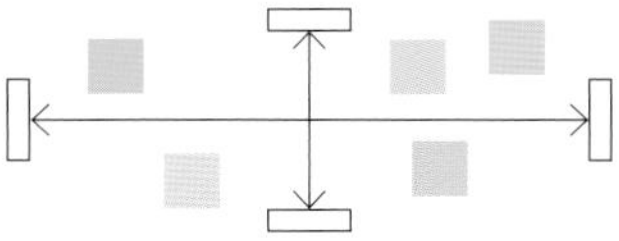 意見をくらべたり，評価したりするときや，二つの立場の意見を整理するときに使います。	50	
Yチャート	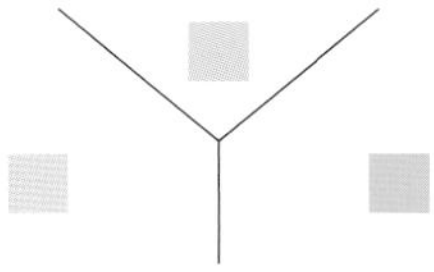 ある物事やテーマについて，三つの視点で考えるときに使います。	42	
X チャート	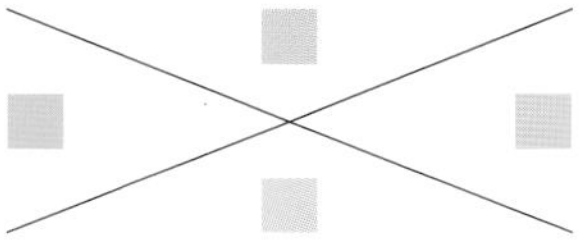 ある物事やテーマについて，四つの視点で考えるときに使います。	18,52	

事実を分かりやすくほうこくしよう

ー新聞を作ろうー

くま手チャート
マトリックス
ステップチャート

1 新聞のとくちょうをたしかめよう。

新聞は、さまざまな出来事やじょうほうを、多くの人に伝えるために作られています。みなさんも、自分たちが伝えたいと思う身の回りのことをまとめて、新聞を作ってみましょう。まずは新聞を見て、どんなとくちょうや工夫があるかグループで話し合います。

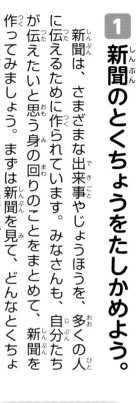

写真・絵・図・表など
見出し
サッカー
△□大会始まる
●●新聞
山田選手大かつやく
新聞名
本文
発行日,
発行者
コラム：周りをわくで囲んだ記事。
リード：本文の内容をかんたんにまとめた文章。

平野さん「発行日や、発行者が書かれているよ。いつ、だれが発行したのかをはっきりさせているんだね。」

小倉さん「見出しには記事の内容が一言でまとめられていて、伝えたいことがすぐに分かるね。」

野上さん「写真や表などが入っていると、内容がより具体的にイメージできるよ。」

矢田さん「記事には「いつ」、「どこで」、「だれが」、「なにを」、「なぜ」、「どのように」、「どうした」がすべて書かれているから、内容がしっかり分かるね。」

2 どんな新聞を作るかを話し合おう。

【1】テーマを決める。

グループで話し合って、新聞で取り上げるテーマを決めましょう。テーマは、だれに、どんなことを伝えたいかをもとに考えます。それぞれ**くま手チャート**に書き出したテーマを発表し、グループのみんながきょうみのあるものを選びましょう。

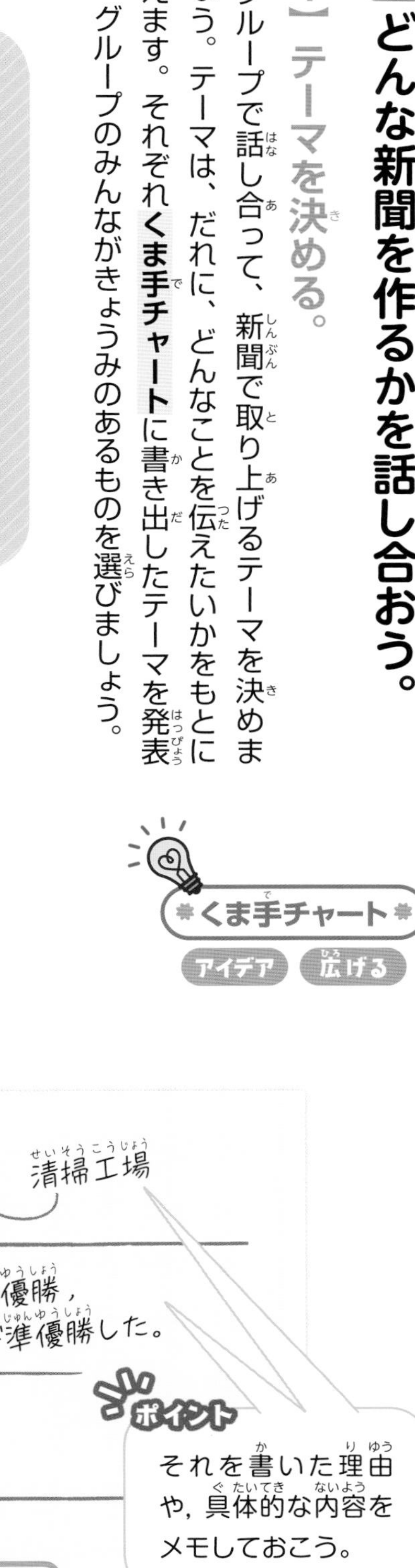
くま手チャート
アイデア
広げる

わたしは三つあげた案の中でも、運動会がいいと思う。結果は白組が優勝、わたしたち赤組が準優勝だったけれど、それぞれが団結してがんばったということを、クラスや学校のみんなに伝えたいんだ。
運動会はわたしも書いたよ！　何度も逆転が起こって、最後まで結果が分からずどきどきしたよね。どちらの人にも「わたしたちはこんなにがんばったんだ。」って、自信をもってほしいな。

そうだね。じゃあ、三ぱんは「運動会について」をテーマに、白組と赤組のがんばりを伝える新聞を作ろう！

野上さんが書いたくま手チャート

1 最初に「1人三つ」など，書き出す数を決めてくま手の歯を書く。

2 何について書き出すか書く。

3 思いついたことを書き出す。

新聞のテーマ

運動会 ― 白組が優勝，赤組が準優勝した。

社会科見学 ― 清掃工場

ちいきのお祭り

ポイント
それを書いた理由や，具体的な内容をメモしておこう。

【2】新聞作りの計画を立てる。

新聞のテーマにそって、どんな記事を、だれが書くのか、調べ方をどうするのかなどを話し合い、**マトリックス**に整理しましょう。

運動会の様子と結果はしょうかいしないとね。

そうだね。運動会のよかったところを、だれかに聞きたいね。運動会をずっと見守ってくれていた、校長先生に聞くのはどうかな。

運動会でいちばん楽しかった種目について、四年二組のみんなにアンケートをとりたいね。ぼくたちが運動会のどんなところを楽しんだか、読む人に伝わると思うんだ。

昔の運動会のことを調べるのはどうかな。日本で最初に運動会が開かれたのは、いつなんだろう。

マトリックス

分ける　整理する

3ぱんが書いた
マトリックス

テーマ：運動会について

記事に書くこと	具体的な内容	調べ方	書く人
運動会の様子と結果。	15点差で白組が優勝した。 白組も赤組も協力し合ってがんばった。	・思い出して書く。 ・運動会のしおりをかくにんする。	野上さん
運動会のよかったところ。	校長先生の感想。	・インタビューをする。	小倉さん
4年2組のみんなが運動会で感じたこと。	いちばん楽しかった種目。	・アンケート調査をする。	矢田さん
日本で最初の運動会。	いつ開かれたのか。	・図書館やインターネットで調べる。	平野さん

1 どんな記事をのせたいか書く。

2 記事の具体的な内容を書く。

3 調べ方を書く。例えば以下のような方法がある。
・実際に見て調べる。
・インタビューをする。
・図書館やインターネットで調べる。
・アンケート調査をする。

4 記事を書く人を書く。

3 取材をしよう。

それぞれの記事について、取材を進めていきましょう。1でかくにんしたように、新聞記事に必要な「いつ」「どこで」「だれが」「なにを」「なぜ」「どのように」「どうした」が書けるように、しつもんを考えたり、メモを取ったりします。

●実際に見て調べる。

実際にその場に行き、見て、必要なじょうほうをメモします。すでに終わった出来事を記事にするときは、見たり、体験したりしたことを思い出して、メモを作りましょう。

一、二年生合同のきょうぎは……玉入れだったかな。運動会のしおりを見てかくにんしよう。点数は運動委員にかくにんすれば分かるかな。

ポイント

しおりやパンフレットも資料として活用しよう。

野上さんが書いたメモ

記事のテーマ：運動会の様子と結果

・15点差で白組が優勝，赤組が準優勝。

・2学年合同のきょうぎが特にもり上がった。
- 1・2年　玉入れ
- 3・4年　つな引き
- 5・6年　二人三脚

・最後の大玉送りで白組が逆転し，優勝した。

伝えたいことをかじょう書きで書き出そう。

●インタビューをする。→コラム22ページ

話を聞きたい相手に、インタビューを申しこみましょう。しつもんしたいことを事前に決め、メモを作っておきます。

取材の前後にはあいさつやお礼を伝えよう。

写真をとりたいときは，必ず相手にきょかをもらおう。

では、大玉送りのときのことが特に心に残ったということですね。……今日はありがとうございました。新聞にのせたいので、校長先生の写真をとってもいいですか。

いいですよ！

小倉さんが書いたメモ

校長先生へのインタビュー

しつもん

運動会のよかったところはどんなところですか。

答え

赤組も白組も，全学年が団結してきょうぎに取り組めていた。

大玉送りで何度も大玉が落ちた。
→全員で声をかけ合い，はげまし合って立て直した。
↑
心から感動した！

図書館やインターネットで調べる。

図書館の資料や、インターネットの検索機能などを使って調べましょう。「調べたこと」、「分かったこと」、「出典」の三つに分けてメモを取ります。→資料56ページ、58ページ

日本で最初の運動会では、ぶた追いきょうそうがあったんだ！　おもしろいな。きょうぎの内容もメモしておこう。

平野さんが書いたメモ

調べたこと

日本で最初の運動会はどんなものだったか。

分かったこと

・東京の築地で1874年に開かれた「競闘遊戯」が始まりとされる。

・行われたきょうぎ：ときょうそう，玉投げ，二人三脚，たまご拾いきょうそう，ぶた追いきょうそうなど。

出典

新谷尚紀監修「はじめて知るみんなの行事とくらし」学研プラス 2008年

ポイント

地名や人の名前，年月日にまちがいがないかよくかくにんしよう。

資料のじょうほうをメモする。
本の場合：著者名または監修者名「本のタイトル」出版社名 出版年
インターネットの場合：ページの作成者「ウェブサイト名」（ＵＲＬ）見た日

アンケート調査をする。

調べたいことをもとに、問いと回答のしかたを考えて、アンケートを作りましょう。アンケートの結果は、**マトリックス**などにまとめます。

四年生が参加したおもな種目は四つだったから、回答のしかたは、用意された答えの中から選ぶ形にしたよ。

矢田さんが作ったアンケート

問い　参加した種目のうち，いちばん楽しかったものを一つ選んで○をつけてください。

答え　ア．ときょうそう
イ．つな引き
ウ．△○小おどり
エ．大玉送り
オ．その他 ＿＿＿＿＿＿＿

アンケートの作り方，まとめ方
→42ページ

矢田さんが書いたマトリックス

種目	人数
ア．ときょうそう	5人
イ．つな引き	7人
ウ．△○小おどり	5人
エ．大玉送り	11人
オ．その他	2人

アンケートの結果は，人数にまちがいがないか，よくかくにんしよう。

マトリックス
分ける
くらべる
整理する

4 わりつけについて話し合おう。

新聞に入れる、記事の大きさと位置を決めましょう。これを「わりつけ」といいます。それぞれでまとめたメモをもとにグループで話し合い、みんながなっとくするわりつけにします。また、新聞のテーマが分かるような新聞の名前を考えましょう。

3ぱんが大きな紙に書いた
わりつけ

新聞の名前
大見出し
見出し
つな引きの写真
日付
はん
運動会の様子と結果
校長先生へのインタビュー
写真
アンケート
いちばん楽しかった種目
ぼうグラフ
コラム
日本で最初の運動会
ぶたのイラスト

ポイント
新聞の右上に，いちばん大きく取り上げたい記事を入れよう。

写真や見出しは記事の内容に合わせて大きさを変え，めりはりをつけよう。

写真・絵・図・表などの大きさや場所を決めよう。

本番の紙と同じ大きさの紙に書いて，実際の文字数や写真などの大きさが分かるようにしよう。

記事の内容やアンケートのまとめ方などは，「こうしよう。」と考えていることをグループでほうこくし合おう。こまっていることがあれば，相談しよう。

いちばん大きく取り上げたいことは、運動会の様子と結果だよね。それぞれの組がどんなふうにがんばったのか、具体的な話を入れたいね。

そうだね。じゃあ、運動会の様子と結果を書いた記事はいちばん大きくしよう。見出しや写真も大きくして目立たせたいね。

写真の大きさは、これぐらいかな。新聞の名前は……「運動会新聞」でどうだろう。

アンケートの結果をどうまとめればいいか、相談したいな。表とぼうグラフ、どちらが伝わりやすいと思う？

5 記事を書こう。

【1】記事の構成を考える。

新聞は、いちばん伝えたいことや重要なじょうほうを先に書きます。**ステップチャート**でどんな内容を、どのような順番で伝えたいのか整理して、記事の構成を決めましょう。

ステップチャート
順番を考える
計画する

野上さんが書いた
ステップチャート

1 わくが三つあるステップチャートを書く。上から「いちばん伝えたいこと」「伝えたいこと」「特に伝えなくてもよいこと」に分ける。

3 どれくらい伝えたいか考えて，ふせんをはり付ける。

いちばん伝えたいこと

- 白組が優勝，赤組が準優勝した。
- 赤組と白組の点差は15点だった。

伝えたいこと

- 白組と赤組が，はげしく戦った。
- 他学年と協力して行うきょうぎが特にもり上がった。
- 4年2組のみんながつな引きでがんばった。

　　↑ 3年生のみんなと協力した。

特に伝えなくてもよいこと

- 最後の大玉送りで白組が勝って逆転した。
- 赤組にも大きなはくしゅがおくられた。

野上さんが書いた
メモ

記事のテーマ：運動会の様子と結果

・15点差で白組が優勝，赤組が準優勝

・2学年合同のきょうぎが特にもり上がった。

（ふせん）白組が優勝，赤組が準優勝した。

（ふせん）他学年と協力して行うきょうぎが特にもり上がった。

2 3で書いたメモをもとに，伝えたいことをふせんに書き出す。

3で書いたメモを使うよ！

【2】下書きをする。

⑤【1】のステップチャートをもとに、下書きをしましょう。ステップチャートの上のわくから書いていくことで、いちばん伝えたい内容から書くことができます。

いつ　どこで　なにが　だれがどうした　だれがどうした

六月五日に△○小学校で運動会が行われ、白組が優勝、赤組が準優勝しました。白組と赤組の点差はわずか十五点でした。

白組と…組は勝ったり、負けたりをくり返し、最後まではげしい戦いをくり広げまし…。特にもり上がったのは他の学年と協力して行うきょうぎで、一、二年生の玉…れでは白組が、三、四年生のつな引きと五、六年生の二人三脚…組のみんなも、つな引きでは三年生のみんな…

ポイント

「いつ」「どこで」「だれが」「なにを，なにが」「なぜ」「どのように」「どうした」など，必要なじょうほうが入っているようにしよう。

テーマについて何も知らない人が読むと想像して，必要があれば説明を加えよう。

事実が正しく伝わるように書こう。

必要な写真・絵・図・表をじゅんびする。写真は何まいか用意して，グループで話し合って選んでもいい。

【3】見出しを考える。

記事の内容から、見出しを考えましょう。**くま手チャート**を使っていくつかこうほを書き出し、もっともよいと思ったものを選びます。まよったときには、グループの人に相談してもいいですね。

見出しは、記事を通して伝えたいことを、ひと目で分かるようにするためのものだよね。「学年をこえて一つになれた」ことがこの記事で特に伝えたいことだから、これがいちばんいいかな。

くま手チャート

アイデア　広げる

野上さんが書いた
くま手チャート

記事の見出し

点差はわずか15点

4年2組はつな引きで大かつやく

大玉送りで大逆転

学年をこえて一つになれた

全力の赤組に会場からはくしゅ

① 「五つ」や「三つ」など，書き出す数を決めて歯を書く。

② 思いついた見出しの案を書き出す。

③ いいと思ったものを一つ選ぶ。

6 新聞を仕上げよう。

【1】内容をたしかめる。

下書きが終わったら、グループで読み合います。事実や文章の書き方にまちがいはないか、分かりやすく書けているかなどを、一つひとつかくにんします。**マトリックス**にかくにんすることを整理して、チェック表を作るといいですね。

あれ？ この文、主語がないな。わすれないように、ふせんに書いてはっておこう。

つな引きの写真、わたしはこれがいいと思うけれど、みんなはどう？

コラムの見出し、短くて分かりやすいけれど、読んでもらえるような工夫をしたいね。読んだ人がおどろくような内容だから、「びっくり！」って入れてみてはどうかな。

【2】記事を清書し、はり合わせる。

それぞれの記事のかくにんが終わったら、記事を清書しましょう。清書した記事を大きな紙にはり合わせて、完成です。

色をつけたり、イラストを入れたりして仕上げよう。色もイラストも、多すぎるとかんじんの記事が見づらくなってしまうから注意しよう。

マトリックス
分ける
整理する

3ぱんが書いたマトリックス

① たての見出しに記事の内容を入れる。②【2】で書いたふせんを使ってもよい。

② よこの見出しにかくにんが必要なことを書き出す。

③ かくにんしたら名前を書く。

記事	文字のまちがい	句読点や符号	主語と述語の使い方	「です。」「ます。」と「だ。」「である。」の使い分け	事実にあやまりはないか
運動会の様子と結果。	平野○ 小倉○			平野○ 小倉○	平野○ 小倉○
運動会のよかったところ。			野上○ 矢田○		
4年2組のみんなが運動会で感じたこと。	平野×	平野○	野上○	野上○	野上○
日本で最初	矢田○	矢田×			

ポイント その記事を書いた人以外の人がかくにんするようにしよう。2人以上でかくにんすると、よりたしかになる。

「事実にあやまりはないか」は、調べたときのメモも見ながらかくにんしよう。

あやまりや足りない部分を見つけたら、記事を書いた人に伝えよう。ふせんに書いて下書きにはってもいい。

7 読み合って、感想を伝えよう。

完成した新聞を読み合い、感想を伝えましょう。書き方や内容について、よかったところを具体的に伝えるようにします。感想は、ふせんに書いて新聞にはってもいいですね。また、新聞をろうかにはれば、クラス以外の人にも見てもらうことができます。

3ぱんの作った新聞

運動会新聞

6月11日
4年2組
3ぱん

白組優勝
赤組準優勝

やりきった!

学年をこえて一つになった

3,4年生合同のつな引き。白組も赤組も,全力でつなを引っぱった。

六月五日に△○小学校で運動会が行われ、白組が優勝、赤組が準優勝しました。白組と赤組の点差はわずか十五点でした。

白組と赤組は勝ったり、負けたりをくり返し、最後まではげしい戦いをくり広げました。特にもり上がったのは他の学年と協力して行うきょうぎで、一、二年生の玉入れでは白組が、三、四年生のつな引きと五、六年生の二人三脚では赤組が勝ちました。四年二組のみんなも、つな引きでは三年生のみんなと息を合わせてつなを引っぱりました。

最後に全校が参加する大玉送りで白組が勝って逆転し、優勝しましたが、全力を出し切った赤組にも、会場から大きなはくしゅがおくられました。(野上)

校長先生にインタビュー!

みなさんのがんばりに感動しました!!

野森あかね校長先生

野森あかね校長先生に、運動会のよかったところについてお話をうかがいました。

「赤組も白組も、全学年が団結してきょうぎに取り組めたことがよかったと思います。大玉送りで何度大玉が落ちても、全員が声をかけ合い、はげまし合って立て直すすがたに、心から感動しました。」ということでした。

大変なときでもおたがいをはげまし、思いやることができた△○小学校のみんなのすがたは、多くの人に感動をあたえたことでしょう。(小倉)

四年二組アンケート

いちばん楽しかった種目は……

三ぱんでは、四年生が参加した種目のうちどれがいちばん楽しかったか、四年二組の三十人にアンケートをとりました。その結果、一位は「大玉送り」、二位は「つな引き」で、どちらも他の学年と協力して行う種目でした。(矢田)

● いちばん楽しかった種目 ●

種目	(人)
大玉送り	11
つな引き	7
△○小おどり	5
ときょうそう	5
その他	2

びっくり! 日本で最初の運動会

運動会がいつ日本ではじまったのか、みなさんは知っていますか。「はじめて知る　みんなの行事とくらし」(新谷尚紀監修、学研プラス)によると、東京の築地で一八七四年に開かれた「競闘遊戯」が、日本の運動会の始まりとされているそうです。

ときょうそうや玉投げ、二人三脚のような、今もある種目の他、まご拾いきょうそうや、ぶた追いきょうそうもあったといいます。来年は△○小の運動会でも、ぶた追いきょうそうが行われるかもしれません。(平野)

ぶた追いきょうそう。油をぬったぶたを追いかけてつかまえるきょうぎだった。

記事でつな引きの話を読んで、あのときの一生けんめいがんばった気持ちを思い出したよ!

写真やグラフが大きくのっていて、分かりやすいね。

Xチャート

こんなところが同じだね*

分ける
くらべる

Xチャートはある物事やテーマについて、四つの視点で考えるときに使うことができます。ここでは友達との共通点をさがす方法をしょうかいします。

あなたと友達には、どんな共通点があるでしょうか。Xチャートに好きな事や持っている物、行動など、四つの視点で自分のことを書き出して、友達と同じところをさがしましょう。

わたしの好きな食べ物は……チョコレートと、カレーライスかな。
CHOC
野上さん
今朝は……七時に起きて、朝ごはんにごはんと目玉焼きを食べた。
平野さん

野上さんが書いた
Xチャート
今日の朝の行動
好きな食べ物
持ち物・着ている物
しゅみ・とくぎ
6時30分に起きた。
パンとゆでたまごを食べた。
チョコレート
カレーライス
緑色の筆箱
黄色いカチューシャ
サッカー
走るのがとくい。
暗算

1 どんな視点で書き出すか友達と話し合い，同じ視点を書く。

2 思いついたことをふせんに書き出し，はりつける。

＊光村図書の国語教科書の教材名に対応しています。

平野さんが書いた
Xチャート

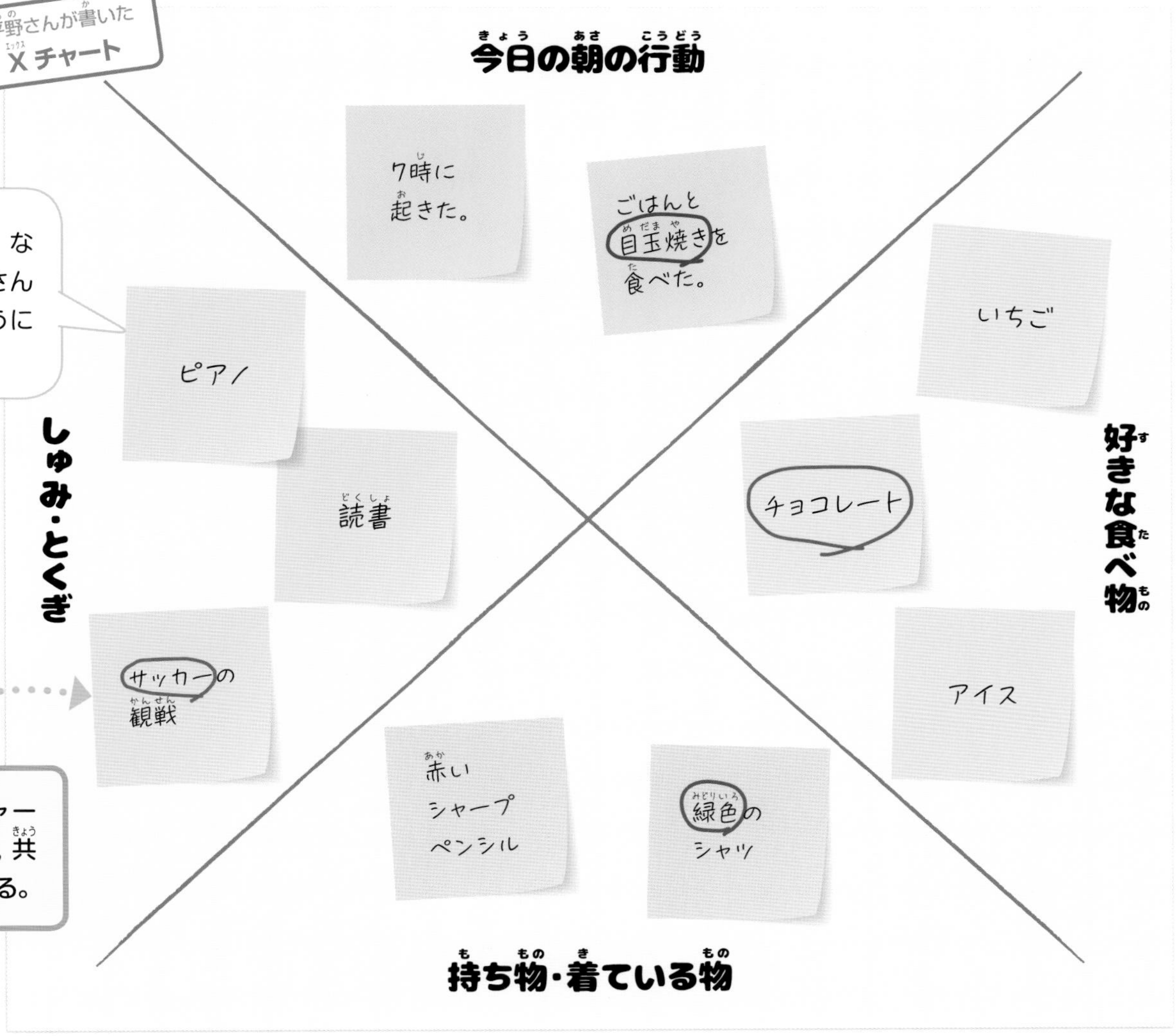

ポイント
短い言葉で，なるべくたくさん書き出すようにしよう。

今日の朝の行動

7時に起きた。

ごはんと目玉焼きを食べた。

好きな食べ物

いちご

チョコレート

アイス

持ち物・着ている物

赤いシャープペンシル

緑色のシャツ

しゅみ・とくぎ

ピアノ

読書

サッカーの観戦

3 書いたXチャートを見せ合い，共通点を見つける。

● **発表しよう。**

わたしも平野さんも、チョコレートが好きです。あと、ゆでたまごと目玉焼きというちがいはありますが、二人とも今朝はたまごを食べていました。それと、緑色の物を持っていたり、身につけていたりします。

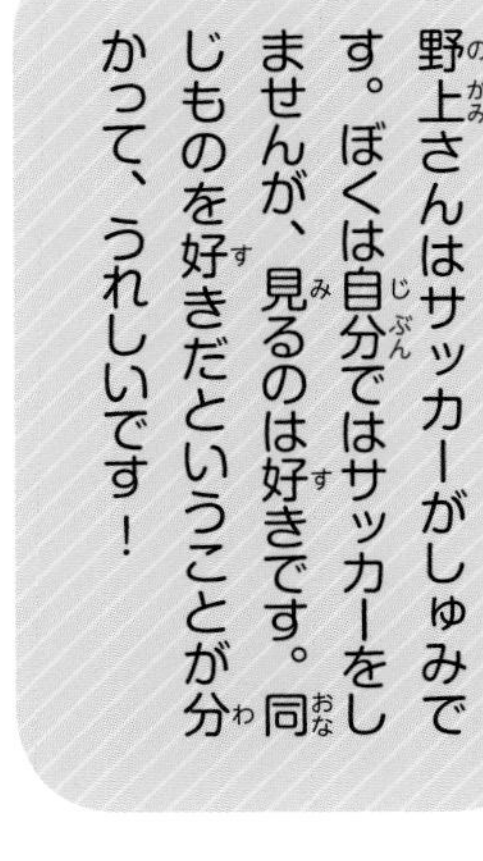

野上さんはサッカーがしゅみです。ぼくは自分ではサッカーをしませんが、見るのは好きです。同じものを好きだということが分かって、うれしいです！

ここでも使える!

くま手チャート

広げる
アイデア

くま手チャートは、一つのことがらについてあらかじめ視点を決めて、関わりの深い物事やアイデアなどを書き出すときに便利です。ここでは春の行事を一つ決めて、その楽しみを書き出す例をしょうかいします。

春の楽しみ＊

みなさんの春の楽しみはどんなことですか。身近な春の行事を一つ選んで、その楽しみを**くま手チャート**で書き出してみましょう。書き出した内容を参考にして、選んだ行事のかんたんな説明を書きましょう。

小倉さん

春の楽しみといえば……ひな祭りかな。ひな人形を見る以外に、どんな楽しみがあるだろう。

矢田さん

ぼくは、五月の初めごろに行われる茶つみを説明したい。ぼくたちが住む△○町は、お茶の産地として有名なんだよね。

小倉さんが書いた くま手チャート

1 書き出す行事を書く。

2 みんなで書き出す視点を決めて，くま手の歯を書く。

3 思いついた内容を書く。

ひな祭りの楽しみ

- 見る　きれいな着物を着たひな人形を見る。
- 話す・聞く　「うれしいひなまつり」の歌を歌う。
- さわる　ひな人形が着ている着物はすべすべしてさわり心地がよい。
- 味わう　ちらしずしとひなあられを食べる。
- においをかぐ　もものの花のあまい香りをかぐ。

＊光村図書の国語教科書の教材名に対応しています。

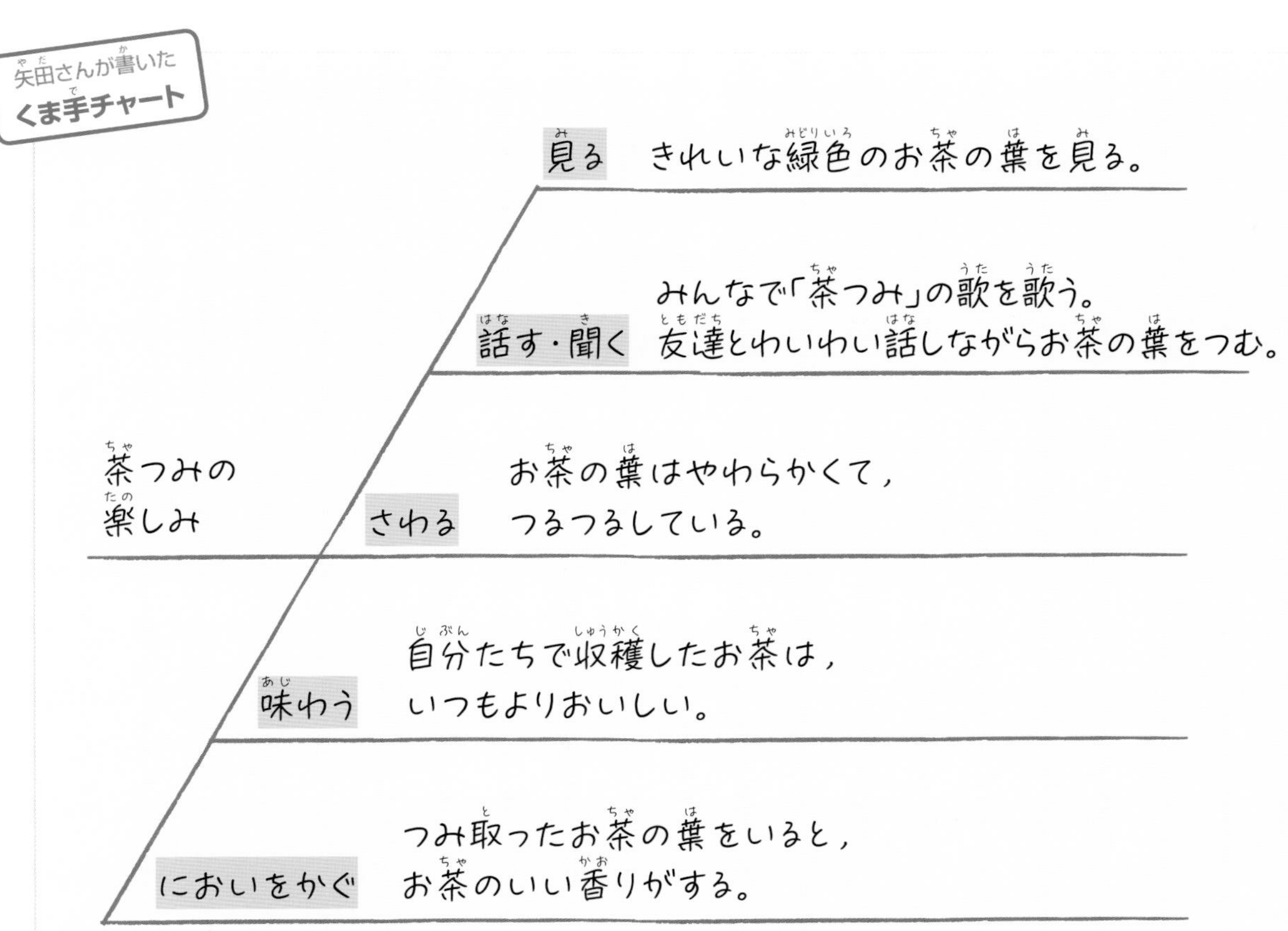
矢田さんが書いた
くま手チャート
茶つみの楽しみ
見る
きれいな緑色のお茶の葉を見る。
話す・聞く
みんなで「茶つみ」の歌を歌う。
友達とわいわい話しながらお茶の葉をつむ。
さわる
お茶の葉はやわらかくて，
つるつるしている。
味わう
自分たちで収穫したお茶は，
いつもよりおいしい。
においをかぐ
つみ取ったお茶の葉をいると，
お茶のいい香りがする。

ひな祭り

三月三日に、女の子が健康に育つことを願って行われる。ひな人形やももの花をかざる。
きれいな着物を着たひな人形を見たり、はなやかにかざりつけられたちらしずしを食べたりすると、とてもわくわくする。

茶つみ

五月初めごろの八十八夜に、△○町の特産品であるお茶の葉をつむ。八十八夜は、昔のこよみで春が始まる立春から数えて八十八日目の日のことだ。
つみたてのお茶の葉をいると、とてもいい香りがして、春が来たんだなあと思う。

見えるものだけでなく、味やにおいなども文章に入れると、行事の楽しさがよく伝わるね！

インタビューをしよう

自分が知りたいことについて、くわしい人に会って話を聞くことをインタビューといいます。本やインターネットで調べただけでは分からないことも、インタビューをすることで分かることがあります。ここでは、インタビューのポイントをしょうかいします。

❶インタビューを申しこもう

まずは相手にインタビューの目的を伝え、引き受けてもらえるかたずねましょう。引き受けてもらえたら、相手の予定を聞いて、インタビューの日時や場所を決めましょう。

野森校長先生、わたしは四年二組の小倉さやかです。今、国語の授業で運動会をテーマにした新聞作りをしています。運動会について先生のお話をうかがいたいのですが、お時間をいただけますか。

もちろん、いいですよ。

ありがとうございます！今週中にお話をうかがいたいのですが、ご都合のよい日時はありますか。

そうですね。木曜日の、午後四時ごろはどうですか。

❷しつもんを考えよう

インタビューの前に、聞きたい内容について、本やインターネットなどでも調べられることがあれば、前もって調べておきましょう。インタビューでは、調べても分からなかったことや、その人にしか分からないことをしつもんするようにします。しつもんは、メモにまとめて書いておきましょう。

❸持ち物をじゅんびしよう

インタビューで必要な物をじゅんびしておきます。メモと筆記用具の他、カメラや、話を録音するためのレコーダーなども用意しましょう。カメラやレコーダーは、使うときにあわてないよう、さつえいや録音のしかたをかくにんしておくと安心です。

カメラ
レコーダー
メモ
筆記用具

友達や先生に協力してもらって、さつえいの練習をしてもいいね！

❹インタビューをしよう

まず、あいさつと、インタビューを引き受けてくれたことへのお礼を伝えましょう。その後、メモにまとめておいたしつもんを一つずつ聞いていきます。

こんにちは。今日はおいそがしいところ、インタビューを引き受けてくださってありがとうございます。今日、校長先生にうかがいたいのは、六月五日に開催された運動会についての感想です。しつもんは三つあります。一つ目は……

ポイント

最初に，インタビューの目的をもう一度伝えて，どんなことを聞きたいのかはっきりさせよう。しつもんがいくつあるのかも伝えておこう。

……そうだったんですね！　そのとき、校長先生はどんなふうに感じましたか。

相手の話を聞いて，新しく知りたいことが出てきたら，その場でしつもんしよう。

そうですね、そのときは……

しつもんをしたり，相手の答えを聞いたりするときには，できるだけ相手の目を見るようにしよう。

相手の話の中で，特に大切だと思う部分をメモしよう。

……今日は、本当にありがとうございました。新聞にのせたいので、先生の写真をとってもいいでしょうか。

写真をとったり，録音をしたりしたいときは，必ず相手にきょかを取ってからにしよう。

いいですよ。

❺インタビューが終わったら

発表する前に、インタビューをのせた記事をかくにんしてもらいましょう。記事は、お礼の手紙や言葉とともに相手にわたしたり、送ったりしましょう。

校長先生、この前はありがとうございました。インタビューの内容をのせた新聞ができたので、ぜひ読んでみてください。

まあ！　うれしいです。ありがとう。

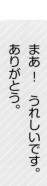

2 考えたことを書き、読み合おう

―もしものときにそなえよう―

1 テーマを決めて、調べよう。

【1】テーマの案を出す。

じしんや台風などの自然災害は、人間の力で止めることはできませんが、日ごろからそなえることでひがいを少なくすることはできます。どうそなえればよいのか調べて、考えたことを伝える文章を書きましょう。まずはどんな自然災害をテーマにするか、**イメージマップ**を使って案を出しましょう。

イメージマップ
広げる　つなげる　アイデア

1 テーマである「自然災害」を書く。

2 「自然災害」から思いついたことを書く。

3 思いついた言葉から，さらに思いついたことを書く。

自然災害

冬

大雪

なだれ

じしん

いつ，どこにいるときに起こるか分からない。

自然災害といえば……台風かな。台風が来ると、大雨や強風がいろいろなひがいをもたらす。これも書こう。

じしんも自然災害だ。じしんといえば……この前の防災訓練のとき、校長先生が「じしんは予想がむずかしいので、いつ、どこにいるときに起こるか分かりません。」と言っていたな。

立石さん

イメージマップ
くま手チャート
カードと囲み
ステップチャート

【2】テーマを決める。

イメージマップで書き出した自然災害の中から、特にきょうみのあるものを一つ選んで、テーマを決めましょう。

いろいろな自然災害があるけれど、ぼくは、とつぜん起こるじしんへのそなえについて調べたい。調べて考えたことをクラスのみんなに知らせて、じしんにそなえるきっかけにしてもらおう！

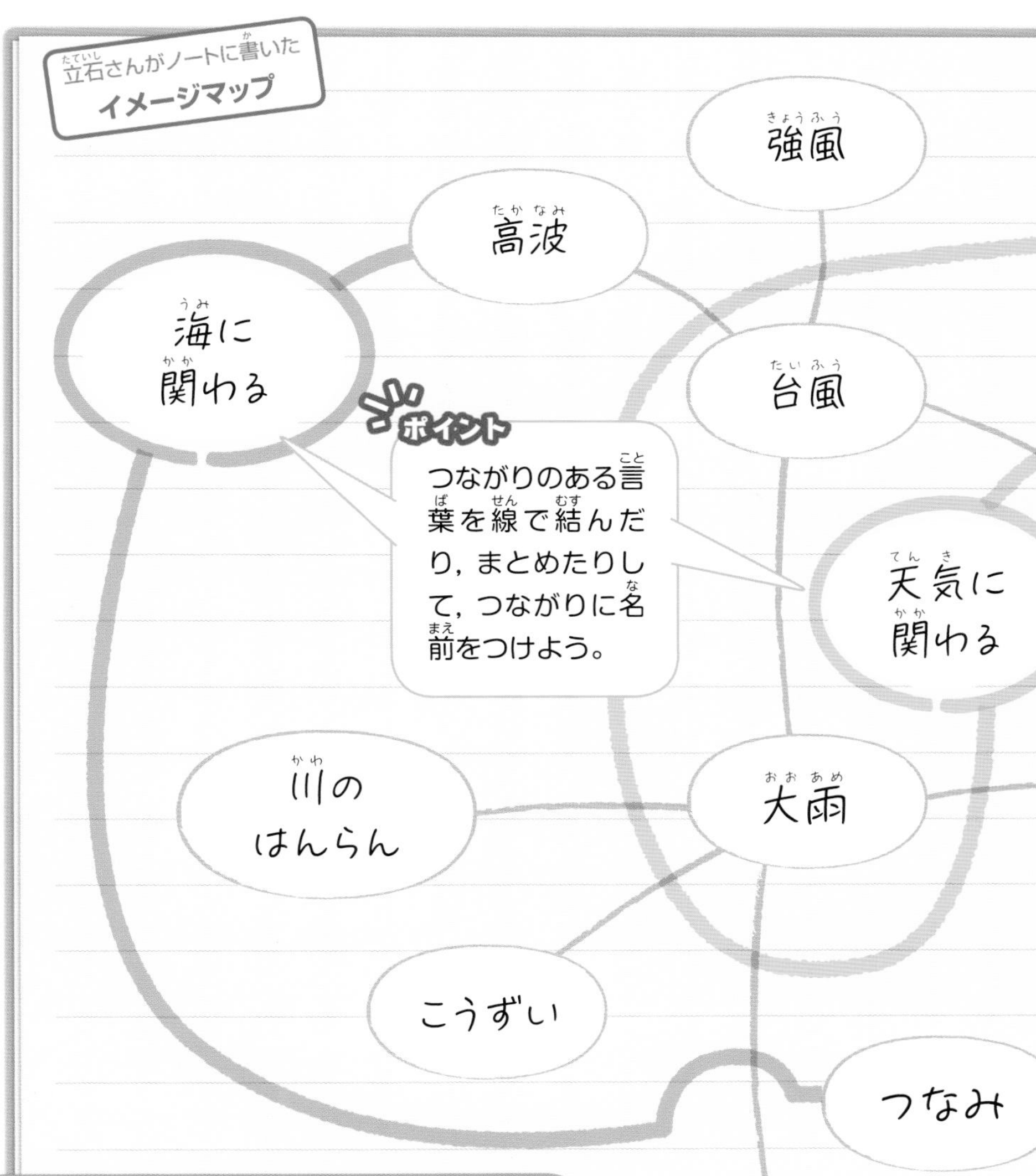

立石さんがノートに書いた
イメージマップ
強風
高波
海に関わる
台風
ポイント
つながりのある言葉を線で結んだり，まとめたりして，つながりに名前をつけよう。
天気に関わる
川のはんらん
大雨
こうずい
つなみ
土砂くずれ

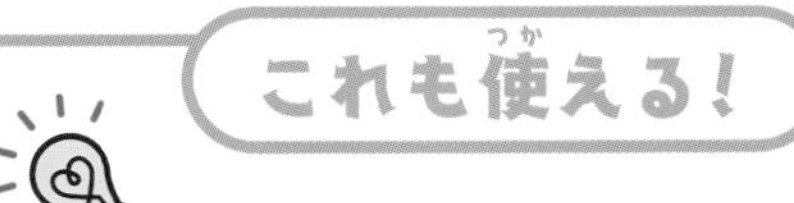

これも使える！
くま手チャート
広げる
アイデア

出すアイデアの数を決めてテーマを考えるときは，**くま手チャート**を使ってみましょう。

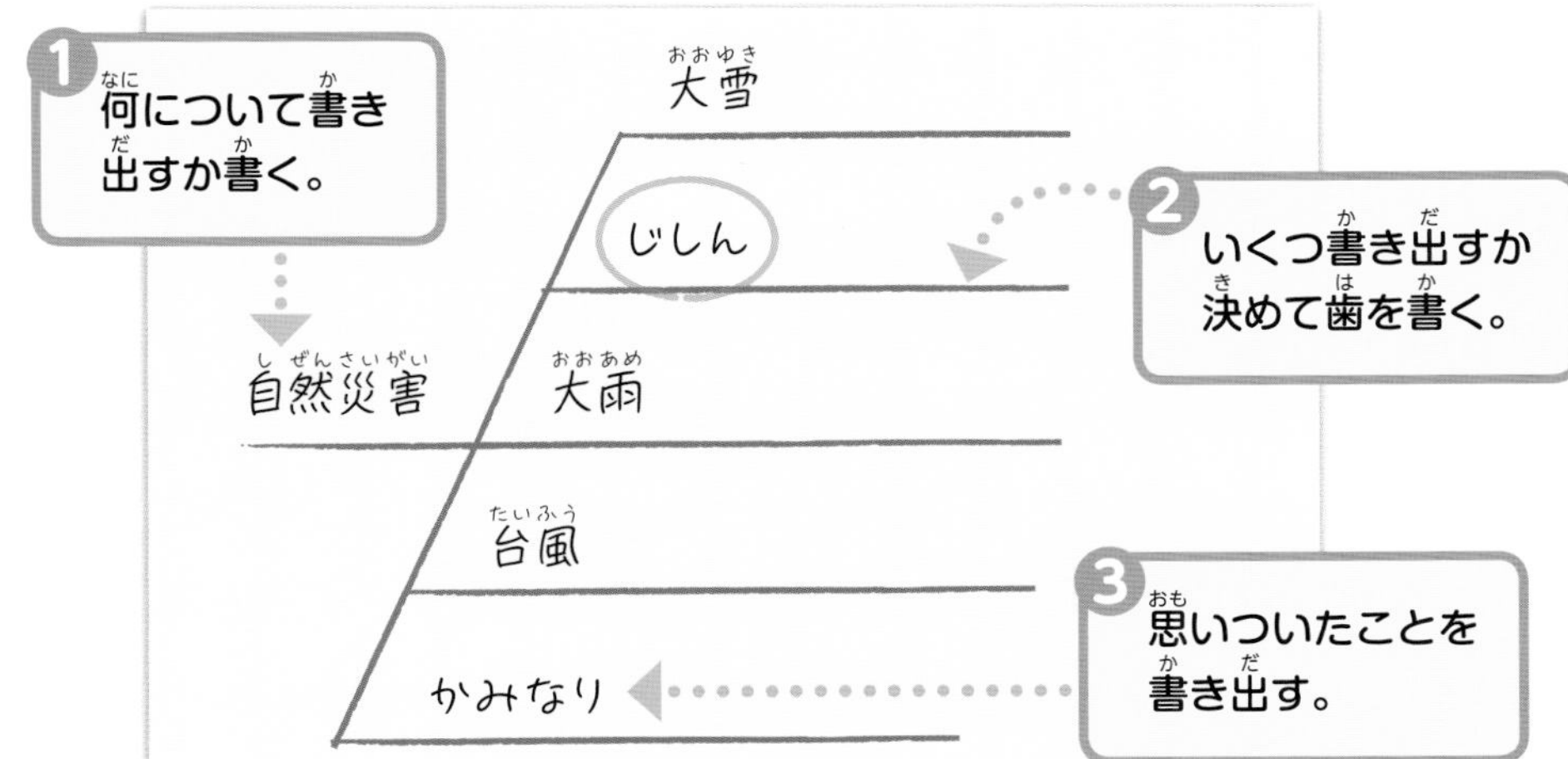

1 何について書き出すか書く。
2 いくつ書き出すか決めて歯を書く。
3 思いついたことを書き出す。
自然災害
大雪
じしん
大雨
台風
かみなり

【3】くわしく知りたいことを決める。

テーマについて、くわしく知りたいことを決めましょう。**くま手チャート**を使っていくつか書き出したものの中から選ぶようにします。テーマに関する本を読むなど、テーマについて調べて、気になったことから選んでもいいですね。

大きなじしんが起こってひなんすることになったら……こんなに持っていく物があるんだ！

救急箱

阪神・淡路大震災では、家具が原因でなくなったり、けがをしたりした人がたくさんいたんだ。こわいなあ。

じしんへのそなえはいろいろあるけれど、いちばん心配なのは、じしんで自分や家族がけがをすることだ。ぼくは、家具によるけがをふせぐためにできることを調べよう！

くま手チャート
アイデア
広げる

立石さんが書いたくま手チャート

1 何について書き出すかを書く。

2 書き出す数を決めて、くま手の歯を書く。

3 思いついたことや、テーマについて調べて、気になったことを書く。

4 自分がいちばんきょうみのあるものを一つ選ぶ。

じしんへのそなえで知りたいこと

- 大きなゆれを感じたら、どのような行動をとればよいのか。
- 家族とはなればなれになったときの連絡方法。
- じしんが起こってひなんするとき、持っていくとよい物。
- 家具によるけがをふせぐためにはどうすればよいのか。
- どこにひなんすればよいのか。

【4】くわしく調べる。

くわしく知りたいことが決まったら、知りたいことに合った方法で調べましょう。調べた内容が正しいかどうかたしかめるため、「本とちいきの資料」、「インターネットと資料館」など、複数の方法で調べるようにします。分かったことは、カードにメモしておきましょう。

調べる方法の例

●図書館の本や図鑑を読む。

選んだテーマや,「自然災害」,「防災」などをキーワードに,本をさがしてみましょう。→資料56ページ

●ちいきが発行した資料を見る。

自然災害のひがいのとくちょうは,ちいきによってことなります。ちいきが発行している防災パンフレットなどには,そのちいきに合った自然災害へのそなえが書かれていることがあります。→コラム38ページ

●関係するしせつや資料館を利用する。

自然災害をあつかうしせつや資料館では,写真やえいぞう,そうちなどで,その自然災害についてくわしく知ることができます。

●インターネットを活用する。

インターネットでは,国や地方自治体などが発信している防災のじょうほうや,最近起こった自然災害についてくわしく知ることができます。写真やえいぞうを見たいときにも便利です。→資料58ページ

●くわしく知っている人に聞く。

じっさいに大きな自然災害にあった人や,防災の専門家に話を聞くことができれば,本などの資料には書かれていない体験談や,最新のじょうほうを知ることができます。→コラム22ページ

本で調べるときには、何さつか読みくらべるようにしよう。また、インターネットで調べるときには、複数のウェブサイトを見るようにしよう。

そうか。家具によるけがをふせぐには、家具を固定することが大事なんだ。本に書かれていることを、カードにメモしておこう。この後、ちいきのパンフレットやインターネットではどう書かれているかも調べてみよう！

ポイント

資料に書いてあったことを引用する場合は,かぎかっこ「 」をつけてそのまま書き写す。
人に聞いたときは,話の内容をメモする。

出典をメモする。
本の場合：著者名「本のタイトル」出版社名 出版年
パンフレットの場合
：発行者名「パンフレットのタイトル」発行日
インターネットの場合
：ページの作成者「ウェブサイト名」(URL)見た日
人に聞いた場合：聞いた相手の名前 話を聞いた日

■カードの例

「家具がたおれたり,動いたりするのをふせぐための基本は,家具を金具などでかべに固定することです。」

土屋まさき「じしんのしくみとそなえ」
かもめ図書 2019年

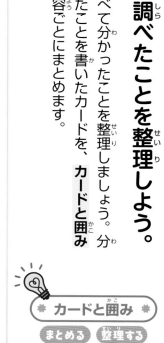

2 調べたことを整理しよう。

調べて分かったことを整理しましょう。分かったことを書いたカードを、**カードと囲み**で内容ごとにまとめます。

カードと囲み
まとめる
整理する

家具のたなに重い物をしまうときは，下の段に入れるようにする。

「重い物をたなの上の段に入れておくと，じしんのときに不安定になってたおれやすくなり，とてもきけんです。できるだけ下の段に入れるようにしましょう。」

土屋まさき「じしんのしくみとそなえ」
かもめ図書 2019年

「重い物は，家具のたなや引き出しの下のほうの段に入れる。これは，家具をたおれにくくするための基本です。」

「家族を守る防災」自然災害対策センター
(https://www. ーーー)
見た日：12月1日

ねる部屋にはなるべく家具を置かない。

「ねる部屋には，できるだけ家具を置かないこと。置く場合には，家具の置き方を工夫する。」

「今日から取り組むじしんへのそなえ」
じしん研究所(https://www. ーーー)
見た日：12月1日

「近年発生したじしんでは，家具がたおれたり，落ちたり，移動したりしたことが原因でけがをした人がたくさんいました。」

○△市防災課「○△市防災パンフレット」
2019年

本に書かれていたことは、じしんが起こったときに家具でけがをした例だから……○△市のパンフレットで調べたことと同じ内容だ。

3 組み立てをたしかめよう。

【1】どんなことが大切か考えをまとめる。

あなたは調べたことを通して、どんなことが大切だと考えましたか。2で書いたカードと囲みを見ながら、考えを整理しましょう。

じしんが起こったときに家具でけがをしないために、できるそなえがたくさんあると分かったよ。その中でも「家具を固定したり、置き方を工夫したりする」ことは、本やインターネット、パンフレットなど、いろいろな資料で基本的なそなえだとしょうかいされていた。ぼくは、これが特に大切なことだと思う！

立石さんが整理したカードと囲み

1 同じ内容のカードをまとめて，線で囲む。

「家具を固定したり，家具がたおれても人に当たらない場所に配置したりすることで，じしんが起こったときに，家具によるけがをふせぐことができます。」

○△市防災課「○△市防災パン

「家具がたおれたり，動いたりするのをふせぐための基本は，家具を金具などでかべに固定することです。」

土屋まさき「じしんのしくみとそなえ」

年

「家具は出入口の近くに置かない。置く場合は，たおれても通りぬけられる空間を残せる位置に置くようにする。」

「今日から取り組むじしんへのそなえ」
じしん研究所（https://www.ーーー）
見た日：12月1日

2 どのような内容のまとまりかを書く。

家具を固定したり，置き方を工夫したりすることが大切。

「阪神・淡路大震災では，多くの人がねている早朝にじしんが起こったため，たくさんの人がたおれた家具の下じきになりました。」

高島ゆり「日本のじしんをふり返る」
ひかり出版 2018年

じしんが起こったとき，多くの人が家具が原因でけがをしている。

【2】文章の組み立てを考える。

考えたことや調べたことをもとに、文章の組み立てを考えましょう。**ステップチャート**に2で整理したカードやふせんをはり、文章の「初め」、「中」、「終わり」に何を書くか決めます。→資料60ページ

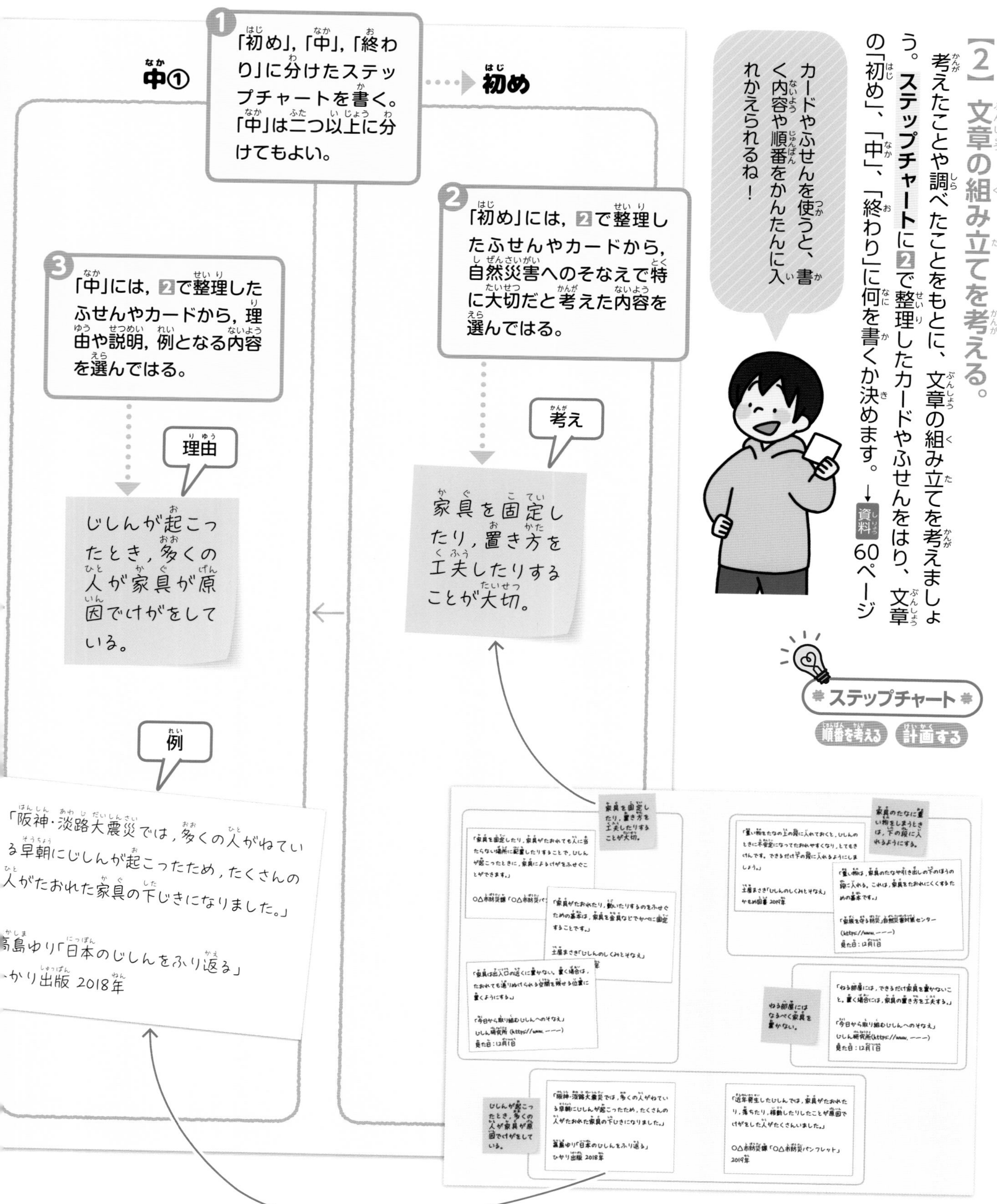

カードやふせんを使うと、書く内容や順番をかんたんに入れかえられるね！
ステップチャート
順番を考える
計画する
中①
初め
1 「初め」,「中」,「終わり」に分けたステップチャートを書く。「中」は二つ以上に分けてもよい。
2 「初め」には，2で整理したふせんやカードから，自然災害へのそなえで特に大切だと考えた内容を選んではる。
3 「中」には，2で整理したふせんやカードから，理由や説明，例となる内容を選んではる。
考え
家具を固定したり，置き方を工夫したりすることが大切。
理由
じしんが起こったとき，多くの人が家具が原因でけがをしている。
例
「阪神・淡路大震災では，多くの人がねている早朝にじしんが起こったため，たくさんの人がたおれた家具の下じきになりました。」
島ゆり「日本のじしんをふり返る」
かり出版 2018年

【3】友達の意見を聞く。

3 【2】で作ったステップチャートを、友達と見せ合いましょう。分かりやすいところや、ぎもんに思ったことを伝え合います。

本やパンフレットから引用しているのは、説得力があっていいね。でも、自分たちの問題として考えられない気がする。中②で自分や身の回りのことを、例に挙げてみてはどうかな。

たしかにそうだね。ありがとう。もう一度見直してみるよ！

立石さんが書いた
ステップチャート

終わり

4 「終わり」に、自分の考えやまとめを書いたふせんをはる。

考え

家具を固定したり，置き方を工夫したりすることは，すぐにできることだ。

考え

じしんのときに家具から身を守れるよう，行動にうつそう。

ポイント
読む人が分かりやすいように，内容や順番を考えよう。

中②

説明

「家具を固定したり，家具がたおれても人に当たらない場所に配置したりすることで，じしんが起こったときに，家具によるけがをふせぐことができます。」

○△市防災課「○△市防災パンフレット」2019年

4 考えを伝える文章を書こう。

3【2】のステップチャートと、3【3】の友達の意見をもとに、考えを伝える文章を書きます。読む人に、自分の考えがしっかり伝わるように工夫しましょう。

3【2】のステップチャートで整理したカードやふせんをかくにんしながら、書きわすれがないようにしよう。

じしんにそなえて家具を固定したり、置き方を工夫したりしよう

四年一組　立石すばる

初め

ぼくは、じしんへのそなえのうち、家具をしっかり固定したり、置き方を工夫したりすることが特に大切だと考えました。

中❶

なぜなら、じしんが起こったとき、たおれたり、こわれたりした家具が原因で多くの人がけがをしているからです。「日本のじしんをふり返る」という本には、「阪神・淡路大震災では、多くの人がねている早朝にじしんが起こったため、たくさんの人がたおれた家具の下じきになりました。」と書いてありました。

中❷

例えば、ぼくの部屋には勉強机と本だながあります。ねているあいだにこれらの家具がたおれてきたら、けがをしたり、ゆかに物が散らばってにげおくれたりするかもしれません。それをふせぐ方法として、○△市の防災パンフレットでは「家具を固定したり、家具がたおれても人に当たらない場所に配置したりする」ことをすすめています。

終わり

じしんは、いつ起こるか分かりません。ですが、家具を固定したり、置き方を工夫したりすることは、やろうという気持ちさえあればすぐにできることです。ぼくはさっそく、自分の部屋の

言葉や文のつながりは正しいか。

文末の書き方は「です」「ます」，「だ」「である」のどちらかにそろっているか。

引用した部分の数字や言葉は，もとの資料と同じか。

立石さんが書いた考えを伝える文章

家具がたおれないように固定しようと思います。みなさんも、じしんのときに家具から身を守るため、家族と話し合い、行動にうつしてはどうでしょう。

〈出典〉高島ゆり「日本のじしんをふり返る」ひかり出版 二〇一八年
〇△市 防災課「〇△市防災パンフレット」二〇一九年

文の最後には，引用したり参考にしたりした資料のじょうほうを書く。1【4】で書いたカードの出典の部分を書き写そう。

5 書いた文章を読み返そう。

書き終わった文章を最初から読み、見直しましょう。引用した内容や、言葉や文のつながり、文末の書き方などに注意して読むようにします。

ぼくは、じしんへのそなえのうち、家具をしっかり固定したり、置き方を工夫したり……

書いた文章を声に出して読んでみよう。読みづらいところや，字のまちがいなどに気づくことがある。

6 文章を読み合い、感想を伝えよう。

書いた文章を友達と読み合いましょう。なっとくしたことや、分かりやすいと思った部分などを挙げ、具体的に感想を伝えるようにします。また、気になったことや、くわしく知りたいことがあれば、しつもんしてみましょう。

感想はふせんに書いて，文章にはってもいい。

は勉強机と本だながあ……の家具がたおれ
ゆかに物が散らばって……ん。それをふせ
防災パンフレットでは「家具を固定したり、……ても人に当たら

家具の置き方の工夫について、もっとくわしく知りたい。

最後に、行動にうつしてはどうかとよびかけているのがいいね。帰ったら、さっそく家族に相談しようと思ったよ。
「家具の置き方を工夫する」とあったけれど、具体的に、どう工夫すればいいのか知りたいな。
家具の配置の工夫は、〇△市のパンフレットに出ていたと思う。もっと調べて、配置の工夫についてもまとめてみよう！

ふせんと囲み

アイデア　まとめる

ふせんと囲みは、さまざまな意見やじょうほうのつながりを見つけて、まとめるときに便利です。ここでは学級目標を立てるときに使う例をしょうかいします。

学級目標を立てよう

クラスのみんながなっとくできる学級目標を立てるためには、どうしたらよいでしょう。クラスの一人一人が、どんなクラスにしたいかをふせんに書き出し、それを**ふせんと囲み**を使って、学級目標にまとめていく例を見てみましょう。

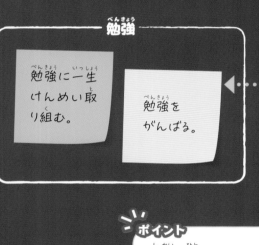

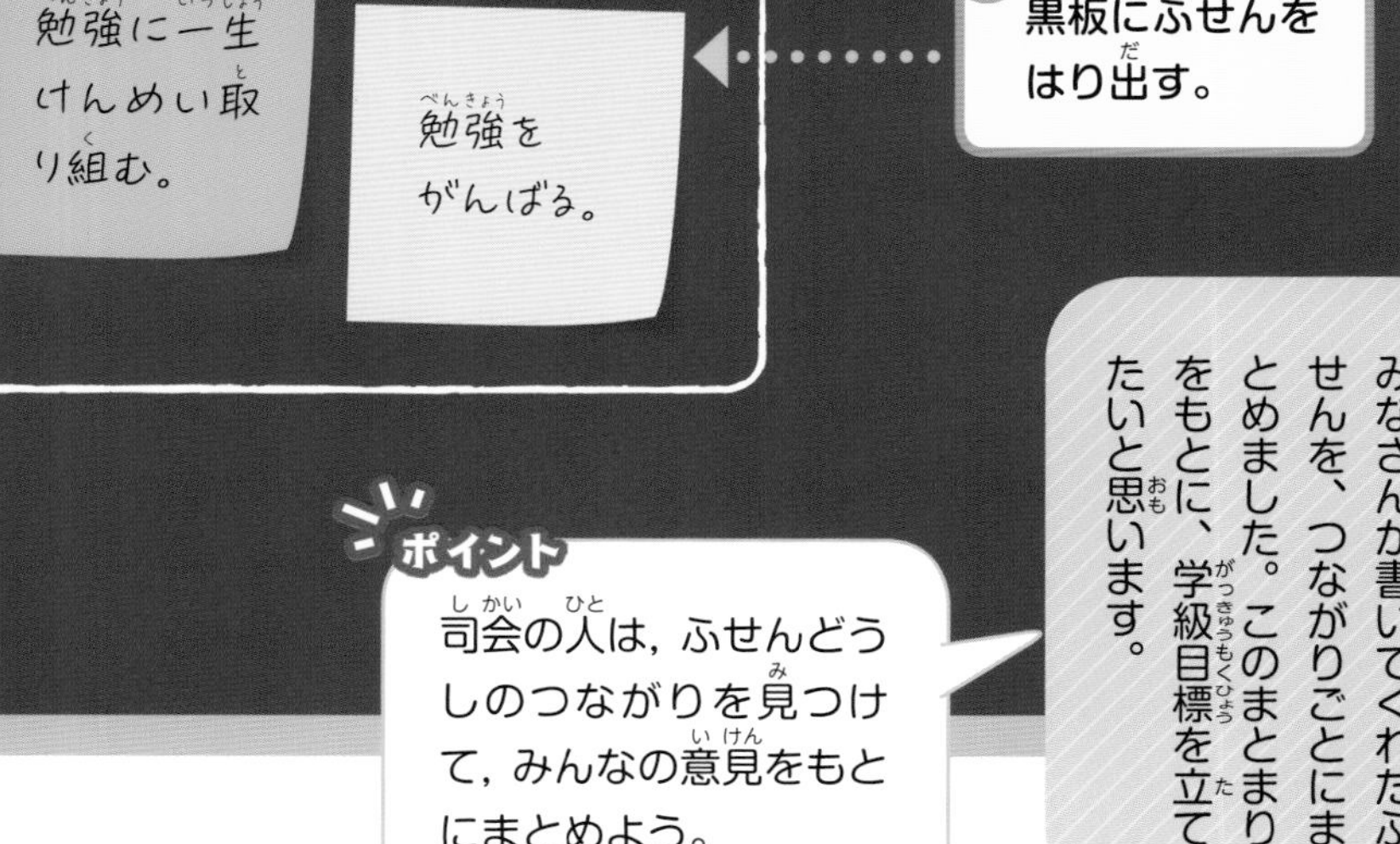

四年一組　二学期の学級目標
「どんなクラスにしたいか」
チャレンジ
新しいことにどんどんちょうせんする。
何にでもチャレンジする。
失敗をおそれない。
ちょうせんする気持ちを大切にする。
勉強
勉強に一生けんめい取り組む。
勉強をがんばる。

2 黒板にふせんをはり出す。

みなさんが書いてくれたふせんを、つながりごとにまとめました。このまとまりをもとに、学級目標を立てたいと思います。
司会

ポイント
司会の人は，ふせんどうしのつながりを見つけて，みんなの意見をもとにまとめよう。

わたしは、クラスのみんなが仲よくできることが、いちばん大切なことだと思う。
みんなで仲よくすごす。

1 話し合うテーマについて，思いついたことをふせんに書き出す。

4年1組の黒板に整理された
ふせんと囲み

仲よし四年一組
みんなで新しいことに
どんどんチャレンジしよう！

あいさつ

あいさつをしっかりする。

えがおであいさつできる。

仲よし

みんなで仲よくすごす。

友達にやさしくできる。

こまったときも助け合える。

思いやり

思いやりの気持ちをもつ。

相手のことを考えて行動できる。

3 つながりのあるふせんをまとめて囲み，つながりに名前をつける。

みなさんの意見をもとに、二学期の学級目標を決めることができました。目標を達成できるよう、がんばりましょう！

「チャレンジ」のまとまりよりは少ないですが、みんなで仲よくすごしたいという人も多いです。「仲よし」という言葉も入れたいです。

新しい何かにチャレンジしたいという気持ちをもっている人が多いので、「チャレンジしよう」という言葉が入るといいと思います。

4 まとめた内容をもとに，どのような学級目標にするか意見を出し合う。

イメージマップ

課題の見つけ方、調べ方＊

広げる
つなげる
アイデア

イメージマップは、一つの課題からアイデアを出したり、広げたりするために使うことができます。ここでは、大きな課題から、自分が調べたいと思うより具体的な課題を見つける方法をしょうかいします。

ある課題についてくわしく調べるときには、**イメージマップ**を使ってみましょう。その課題について自分の知っていることや思いついたことを書き出すことで、より具体的な課題を見つけることができます。

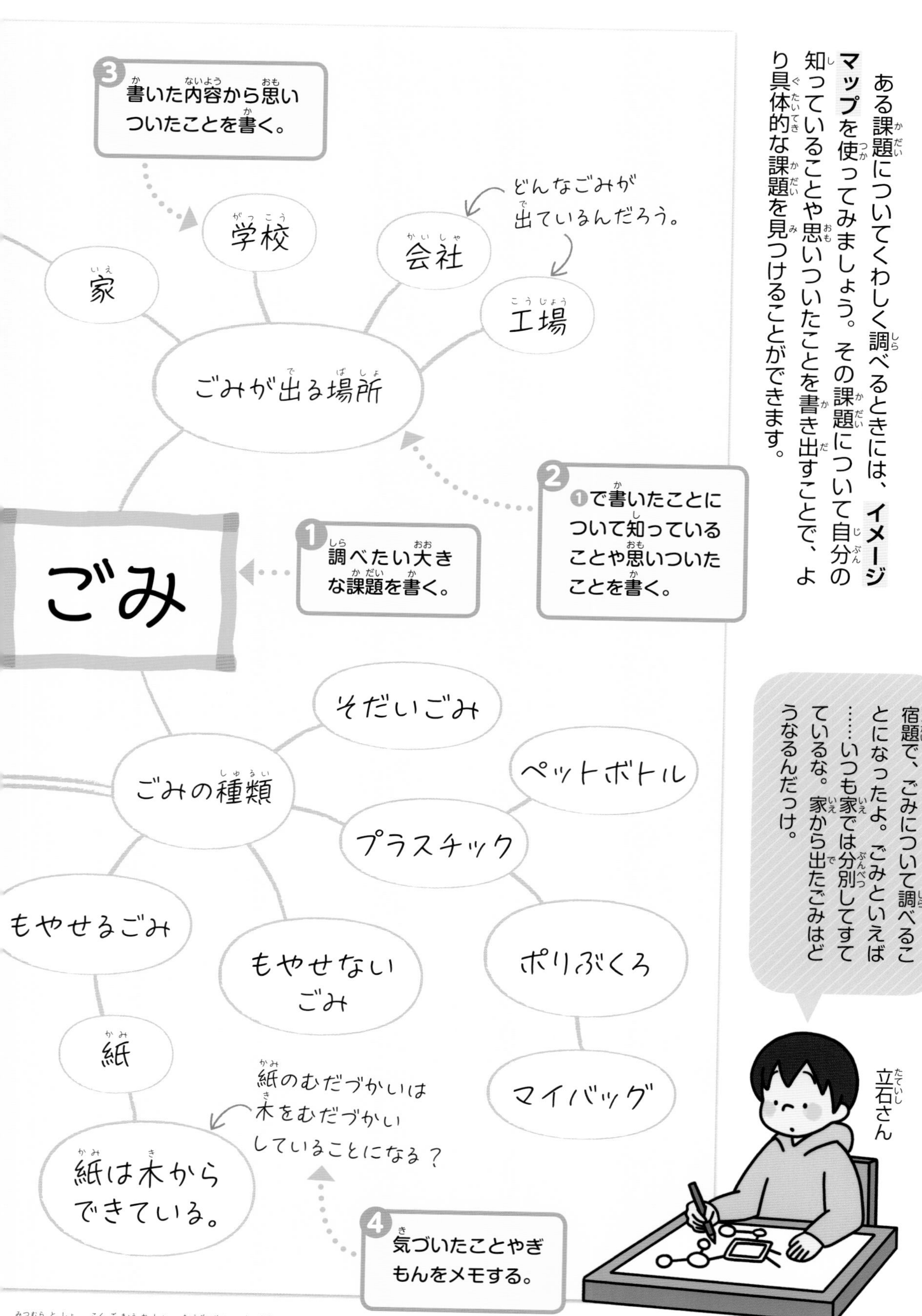

宿題で、ごみについて調べることになったよ。ごみといえば……いつも家では分別してすてているな。家から出たごみはどうなるんだっけ。
立石さん
①調べたい大きな課題を書く。
②①で書いたことについて知っていることや思いついたことを書く。
③書いた内容から思いついたことを書く。
④気づいたことやぎもんをメモする。
ごみ
ごみが出る場所
家
学校
会社
工場
どんなごみが出ているんだろう。
ごみの種類
そだいごみ
ペットボトル
プラスチック
もやせるごみ
もやせないごみ
ポリぶくろ
マイバッグ
紙
紙は木からできている。
紙のむだづかいは木をむだづかいしていることになる？

＊光村図書の国語教科書の教材名に対応しています。

立石さんが書いた
イメージマップ

清掃工場でもやされる。

もやされたごみはどうなるんだろう。

どうしてもやすんだろう。

家から出たごみはごみ収集車で回収されている。

毎日どれくらいのごみが出ているんだろう。

5 書いた言葉や気づいたこと，ぎもんから，特に調べたいことを選ぶ。

物を大切に使う。

いらない物

本当にいらない物なのかな？

リユース

リデュース

3R

他の国ではどうしているんだろう。

分別してすてる。

ポイント

つながりのある言葉を結ぶ。

どうして分別が必要なんだろう。

リサイクル

もったいない

食べ物

給食で出る牛乳パックは回収されている。

給食の食べ残し

「ごみ」という大きな課題から，いろいろなことに気づいたり，ぎもんを思いついたりしたよ。その中でも，ぼくは「毎日どれくらいのごみが出ているのか」に特にきょうみがある。これについて，よりくわしく調べてみよう！

パンフレットを活用しよう

何かを調べるときには、本やインターネットだけでなく、パンフレットも活用してみましょう。パンフレットは場所や物、ことがらなどについて、説明したり、よさをしょうかいしたりする冊子です。ここでは、パンフレットの利用のしかたやとくちょうを見てみましょう。

●パンフレットについて知ろう

パンフレットが作られる目的は、物やサービスについて説明する、よいところやみりょくをしょうかいする、重要なじょうほうを伝えるなど、さまざまなものがあります。だれに向けて書かれているかも、パンフレットによってことなります。パンフレットを活用するときには、どんな目的で、だれに向けて作られたものか、考えてみましょう。

●パンフレットのじょうほうを利用しよう

パンフレットに書かれていることを引用したり、資料として使ったりするときには、必ず発行者名やタイトル、発行日をしめすようにします。

パンフレットを読んでも分からないことや、もっと知りたいことがあれば、発行した人や団体に問い合わせることもできます。奥付（最後のページ）に、連絡先がのっている場合があります。

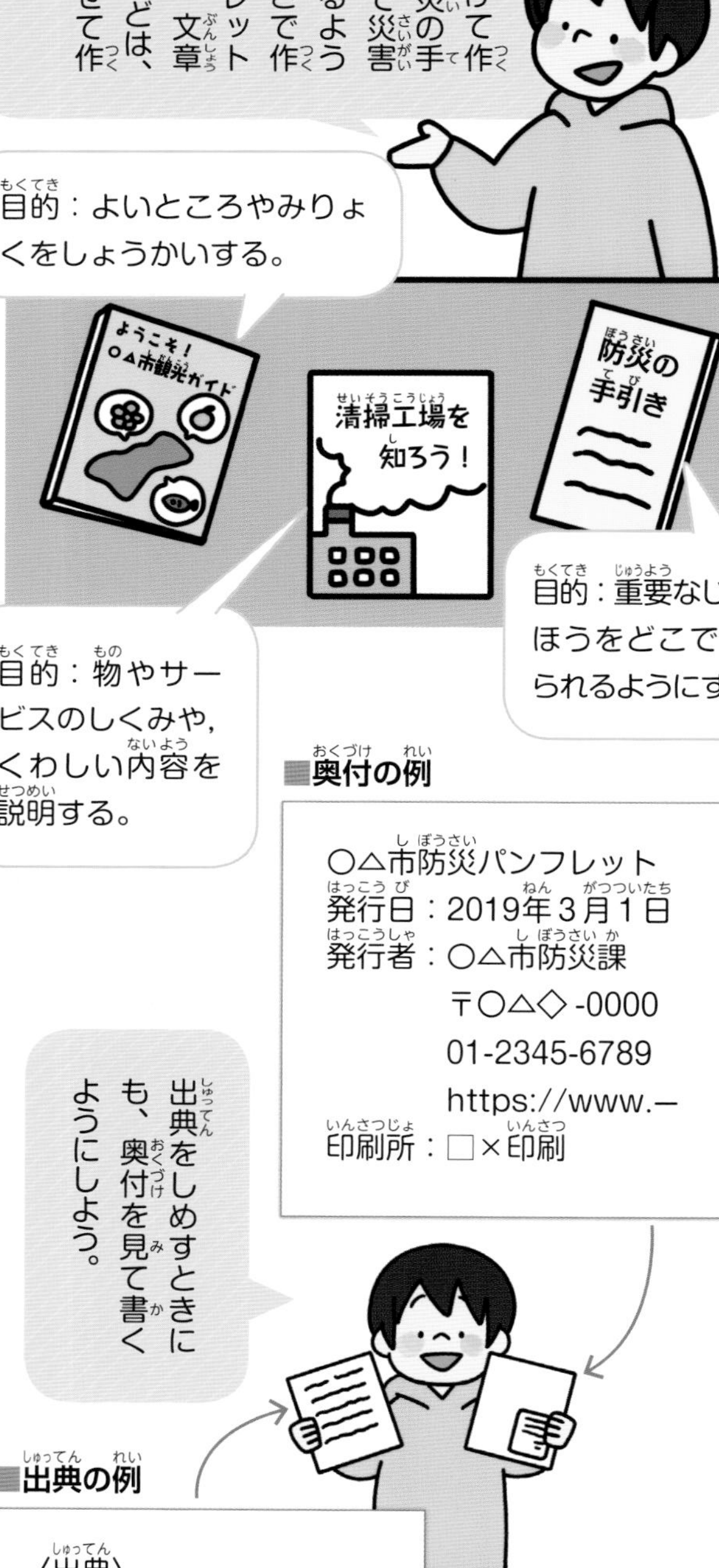
「○△市観光ガイド」は観光客に向けて、「清掃工場を知ろう！」は小学生に向けて作られたものだね。「防災の手引き」は、いつ、どこで災害が起こっても見られるように、持ち運べる大きさで作られている。パンフレットの大きさやページ数、文章の内容やむずかしさなどは、目的や読む人に合わせて作られているんだね！

目的：よいところやみりょくをしょうかいする。

ようこそ！○△市観光ガイド
清掃工場を知ろう！

防災の手引き
目的：重要なじょうほうをどこでも見られるようにする。

目的：物やサービスのしくみや、くわしい内容を説明する。

奥付の例
○△市防災パンフレット
発行日：2019年３月１日
発行者：○△市防災課
〒○△◇-0000
01-2345-6789
https://www.–
印刷所：□×印刷
出典をしめすときにも、奥付を見て書くようにしよう。
出典の例
〈出典〉
○△市防災課「○△市防災パンフレット」2019年

●パンフレットを読もう

パンフレットは、読む人が知りたいじょうほうをすぐに手に入れられるよう、さまざまな工夫がされています。ここでは実際のパンフレットをもとに、読むときのポイントをしょうかいします。

〈表紙〉

タイトル

写真
実際の場面を見せたいときに使われる。ここでは、じしんのひがいの様子をしめしている。

発行者名

3年保管
ぐらっときたら
命が守れますか？
小学校4・5・6年生用
H28.4.14 熊本地震より
H19.7.16 新潟県中越沖地震より
H23.3.11 東北地方太平洋沖地震より
豊橋市教育委員会
豊橋市

〈豊橋市発行〉

〈3ページ目〉

見出し
ページの内容や，いちばん伝えたいことが，短い言葉でまとめられている。パンフレットを読むときは，まず見出しをかくにんして，自分の調べたいことに合ったページを読むようにしよう。

色づかい
文字や囲みの色を変えて，より大切な部分がひと目で分かるようにしている。

地震が来る前に

①家具などへの備え

大きな地震が来ると、じょうぶな家に住んでいても家具が倒れたり物が落ちたりすることがあります。今のうちからチェックしておきましょう。
家具は下の図のようになることがあります。固定をするなど事前に備えておきましょう。

動く(ピアノ、テレビ台など)　倒れる(タンス、本だななど)　飛ぶ(食器、本だなの本など)　落ちる(テレビ、照明など)　割れる(窓ガラス、たなのガラスなど)

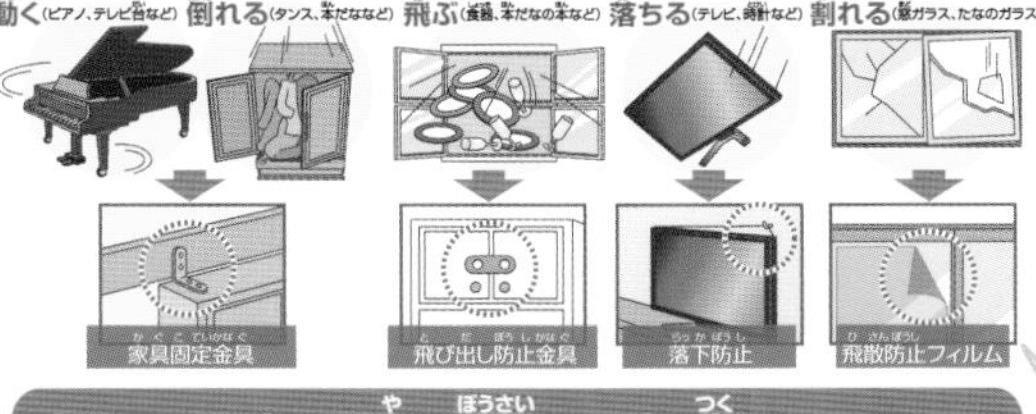

家具固定金具
飛び出し防止金具
落下防止
飛散防止フィルム

②チャレンジ!わが家の防災マップを作ろう!

自分の部屋などの危険チェックをしてみましょう

危険チェック手順

チェック
- □ 部屋の中をよく観察しましょう。壁、出入口、窓を書きましょう
- □ タンスやベッド、本だななど、部屋にあるものを書きましょう
- □ 机やテーブルのいすの位置(座る場所)まで書きましょう
- □ 固定していない家具には×印、固定している家具には○印を書きましょう
- □ どのような状態になるのか予測を書きましょう

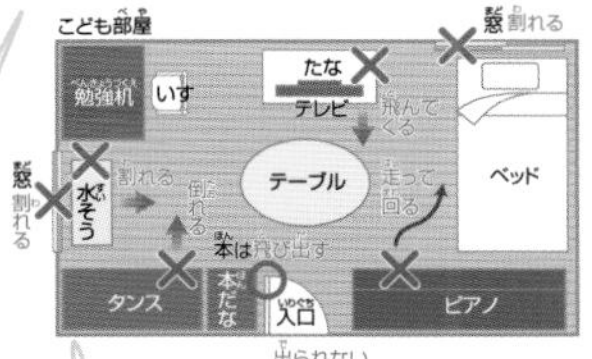

こども部屋
勉強机
いす
たな
テレビ
窓 割れる
テーブル
ベッド
水そう
本は飛び出す
タンス
本だな
入口
ピアノ
出られない

災害時に家の中で危険になるものが事前にわかるね。
気をつけなくてはならないところを、さっそく今日から対策していこう!

3

文字の大きさや位置
大きな文字で書かれていることほど，大切な内容をしめしている。大きな文字の下にある文章やイラストは，大きな文字でしめされたことを，よりくわしく説明している。

番号
かじょう書きの内容や手順が分かりやすいように，番号がふられている。

文章で書かれていること
くわしい内容について，短い文章でまとめている。

絵でしめされていること
文章だけでは想像しにくい内容をしめしている。むずかしい内容も，絵を見れば大まかに理解できることがある。

文章と絵の関係
文章の内容や例を絵でしめしている場合と，絵のくわしい説明を文章でしめしている場合がある。

キャラクター
大切なポイントを，読む人に語りかける形で伝えている。

3 調べて分かったことを話そう

ー調べて話そう、生活調査隊ー

1 調べたいことを決めよう。

【1】生活に関するぎもんを出し合う。

毎日の生活に関わることで、みんなはどうしているか気になることはありませんか。グループで生活に関するぎもんを調査して、クラスで発表しましょう。まずは、それぞれで**くま手チャート**にぎもんを書き出して、グループで出し合いましょう。

くま手チャート
アイデア
広げる

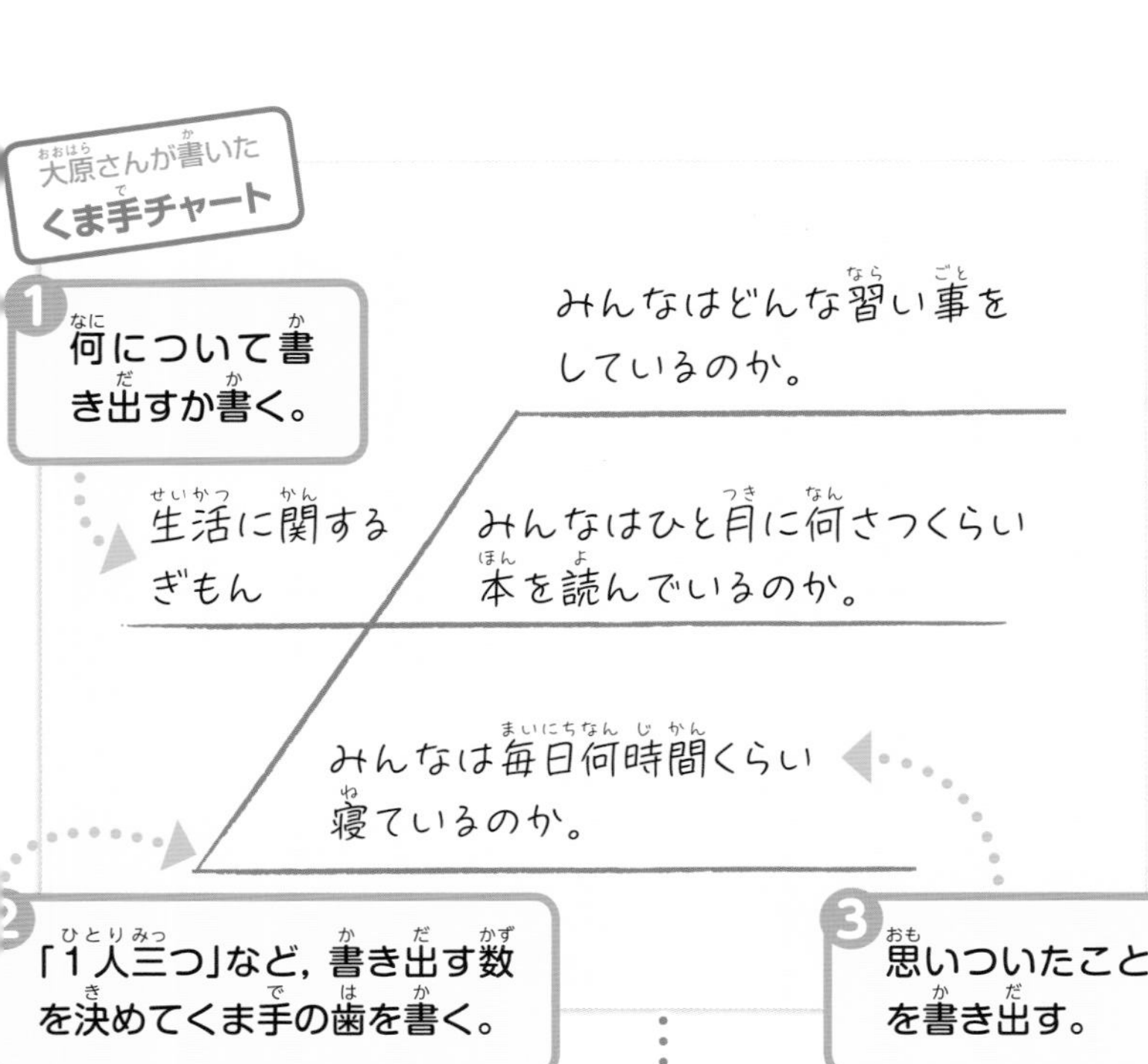

大原さんが書いたくま手チャート
1 何について書き出すか書く。
生活に関するぎもん
みんなはどんな習い事をしているのか。
みんなはひと月に何さつくらい本を読んでいるのか。
みんなは毎日何時間くらい寝ているのか。
2 「1人三つ」など，書き出す数を決めてくま手の歯を書く。
3 思いついたことを書き出す。

大原さん「わたしは最近、「毎月五さつ以上」と決めて、本を読んでいるよ。みんなはひと月に何さつくらい本を読んでいる？」

北上さん「うーん、三、四さつかなあ。四年生になってから勉強がむずかしくなって、前より予習や復習に時間を使っている。その分、読書の時間はへったかもしれない。」

清水さん「わたしもインターネットで動画を見る時間がふえて、ほとんど読んでいないなあ。読書は好きなんだけど……。」

【2】調べたいことを決める。

グループで出し合った案から、みんなが特にきょうみのあることを選び、グループで調べることを決めましょう。

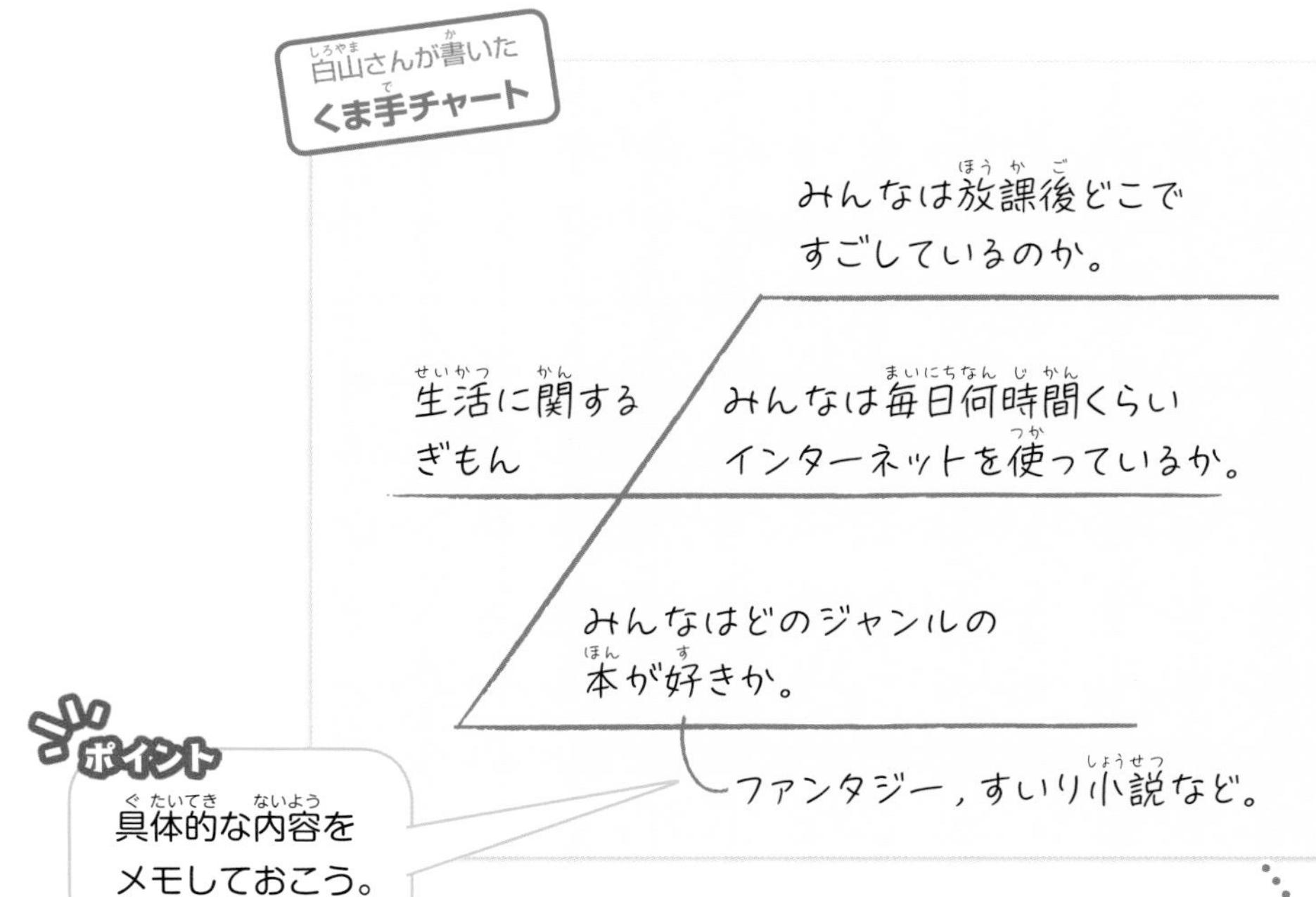
白山さんが書いた
くま手チャート
みんなは放課後どこですごしているのか。
生活に関するぎもん
みんなは毎日何時間くらいインターネットを使っているか。
みんなはどのジャンルの本が好きか。
ファンタジー，すいり小説など。
ポイント
具体的な内容をメモしておこう。

白山さん
やりたいことがたくさんあると、なかなか読めないよね。ぼくも、四年生になってピアノを習い始めたから、ひと月に二さつくらいしか読めていないよ。周りでも、読書をしている人が少なくなったように感じるけれど、実際はどうなんだろう。

いろいろな案が出たけれど、いちばんもり上がったのは読書についてだった。四年三組の読書の実態について、グループのみんながきょうみをもっているので、アンケート調査をするのはどうかな。

さんせい！　クラスのみんなにも調査結果を伝えて、四年三組のみんながどんなふうに読書をしているのか知ってもらおう。

2 アンケートを取ろう。

調べたいことをもとに、アンケートを作ります。どんな問いにするか、回答を大まかに予想して考えましょう。

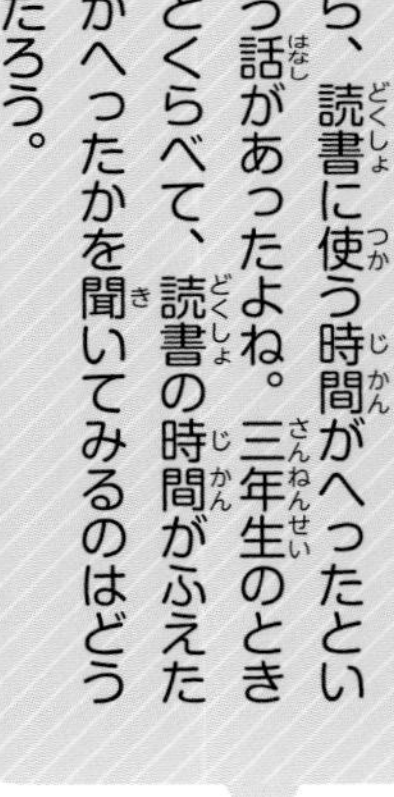
みんなで話した「ひと月に何さつ本を読むか。」は聞きたいね。
そうだね。他には……さっき、遊びや勉強に使う時間がふえたから、読書に使う時間がへったという話があったよね。三年生のときとくらべて、読書の時間がふえたかへったかを聞いてみるのはどうだろう。
それはいいね。その理由も聞いてみよう。これは、答えの予想がむずかしいから、文章で具体的に書いてもらったほうがいいかな。
ぼくもそうだけど、「読書は好きだけど、あまり読めていない。」って人が多いんじゃないかと思う。それをたしかめるために「読書が好きか。」を「はい」か「いいえ」で答えてもらってはどうかな。

これも使える！

Yチャート

分ける　視点を変える

具体的な問いが思いうかばないときには，**Yチャート**を使って考えてみましょう。

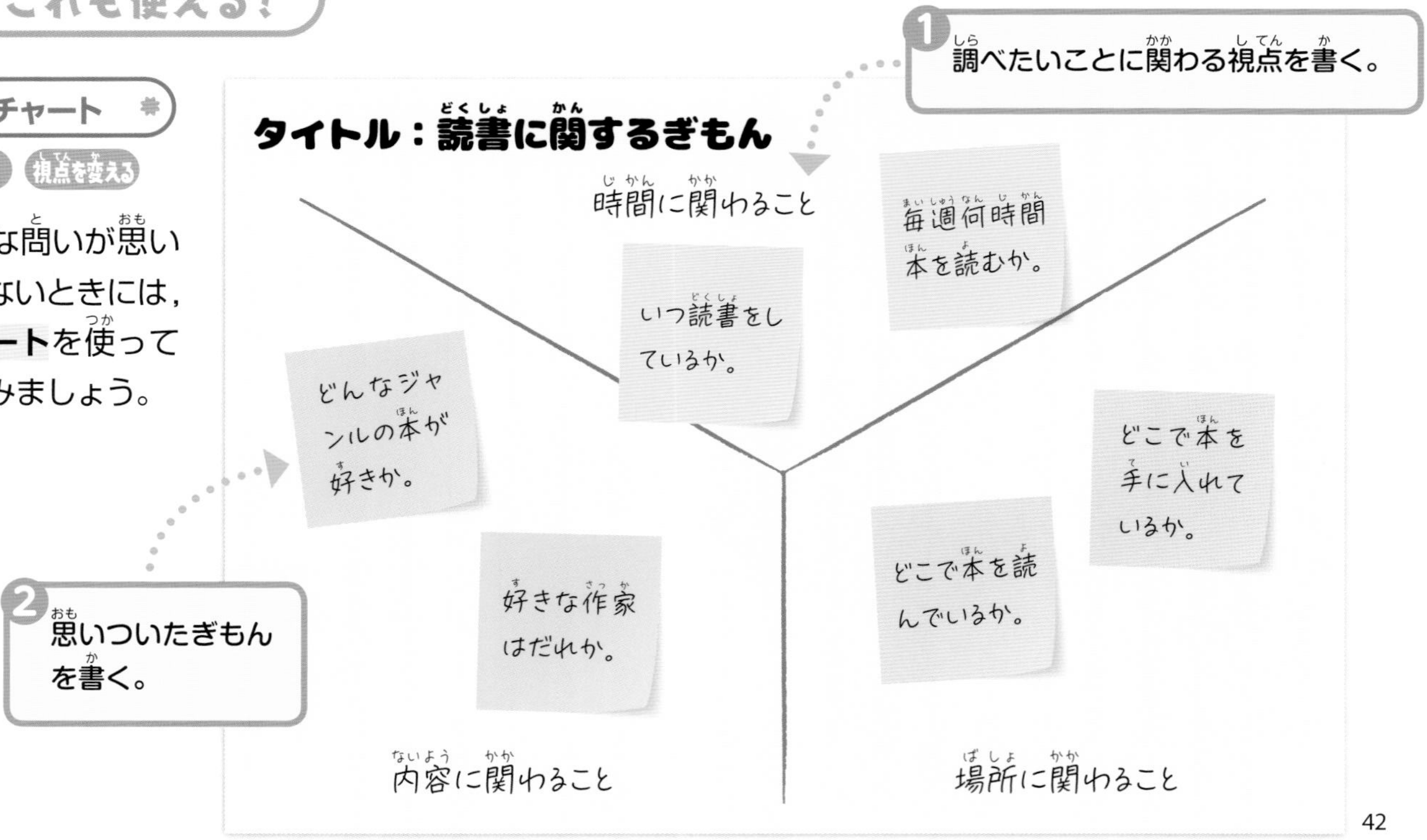

タイトル：読書に関するぎもん

1 調べたいことに関わる視点を書く。

時間に関わること
- いつ読書をしているか。
- 毎週何時間本を読むか。

内容に関わること
- どんなジャンルの本が好きか。
- 好きな作家はだれか。

場所に関わること
- どこで本を読んでいるか。
- どこで本を手に入れているか。

2 思いついたぎもんを書く。

ポイント

タイトルとグループ名を書く。

読書についてのアンケート

4年3組　3ぱん

問い1　あなたは読書が好きですか。どちらかに○をつけてください。

［答え］　はい　　いいえ

問い2　あなたはひと月に何さつ本を読みますか。
一つ選び，○をつけてください。

［答え］　ア．0〜2さつ　イ．3〜5さつ　ウ．6〜8さつ
エ．9〜11さつ　オ．12さつ以上

問い3　3年生のときとくらべて，読書にかける時間はふえましたか，へりましたか。一つ選び，○をつけてください。

［答え］　ふえた　　へった　　同じ

問い4　問い3の理由を一つ書いてください。

［答え］

問いの順番を考えよう。基本的なことを先に，よりくわしいことを後にたずねるようにしよう。

答えを文章で書きこむもの

答える人に，自由に書いてもらう。くわしい内容を知りたいときや，回答が人によってばらばらで，予想しづらいときに向いている。

用意された答えの中から選ぶもの

答えの数が決まっているときや，回答が大まかに予想できるときに向いている。

3 アンケート結果を整理し、資料を作ろう。

【1】アンケート結果を整理する。

アンケートの回答が集まったら、結果を整理します。また、整理したことから何が分かるか、グループで話し合いましょう。

●用意された答えの中から選ぶもの

問いのうち、用意された答えの中から選ぶものを集計するときは**マトリックス**を使いましょう。

3ぱんが書いた
マトリックス

① 用意した答えを書く。

② 人数を書く。

問い1　あなたは読書が好きですか。

読書が好きか	人数
はい	27
いいえ	3

問い2　あなたはひと月に何さつ本を読みますか。

ひと月に読む本の数	人数
0～2さつ	16
3～5さつ	8
6～8さつ	2
9～11さつ	3
12さつ以上	1

問い3　3年生のときとくらべて，読書にかける時間は
…ましたか，へ…か。

●答えを文章で書きこむもの

問いのうち、答えを文章で書きこむものを集計するときは、**カードと囲み**で整理してみましょう。

マトリックス
分ける　くらべる　整理する

カードと囲み
まとめる　整理する

ポイント
人数にまちがいがないように，
２回以上数えてかくにんしよう。
「0～2さつ」は十六人、「3～5さつ」は八人、……うん、最初に数えたときと同じ人数だったよ。「0～2さつ」の人が、思ったより多かったなあ。
そうだね。予想した通り、読書が好きな人は多いけれど、あまり本を読めていないんだね。

読書の時間がへった人のうち、「テレビを見る時間がふえた。」と「ゲームをする時間がふえた。」は二人ずつだった。回答を細かく分けて集計すると、まとまりがなくなってしまうね。

その二つは、どちらも自分の楽しみや遊びとしてやっていることだよね。「インターネットで動画を見る時間がふえた。」と合わせて、「他の楽しみや遊び」でまとめて集計してはどうかな。

3ぱんが整理した
カードと囲み

問い4　問い3の理由を一つ書いてください。

1 問い3の回答ごとに分ける。

2 にた回答をひとまとまりにして囲み，まとまりに名前をつける。

3 まとまりの人数を書く。

読書の時間がへった人（21人）

他の楽しみや遊びにかける時間がふえた。（11人）

テレビを見る時間がふえた。（2人）

読書についてのアンケート　4年3組　3ぱん

見るテレビ番組の数がふえた。

インターネットで動画を見る時間がふえた。（7人）

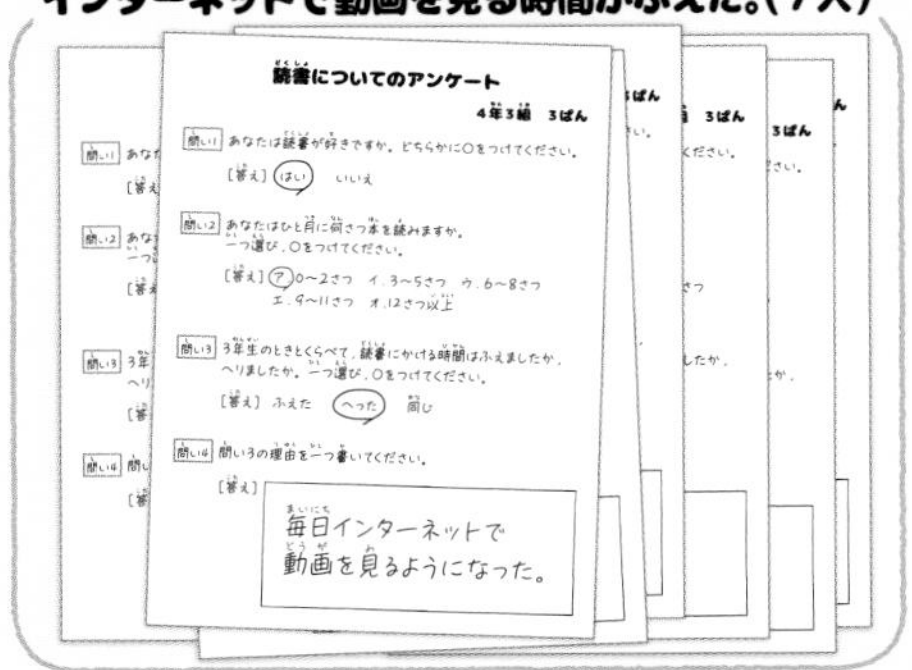

読書についてのアンケート
4年3組　3ぱん
毎日インターネットで動画を見るようになった。

ゲームをする時間がふえた。（2人）

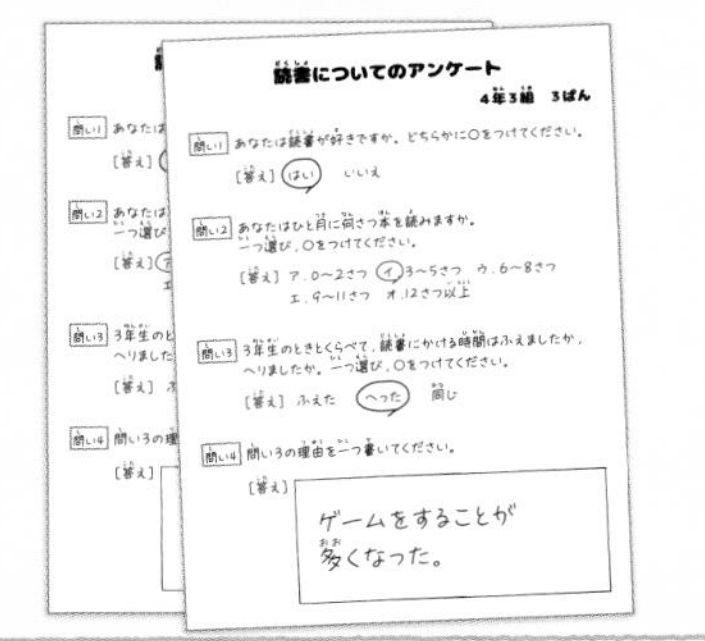

読書についてのアンケート
4年3組　3ぱん
ゲームをすることが多くなった。

勉強にかける時間がふえた。（4人）

読書についてのアンケート　4年3組　3ぱん

じゅくに通うことになって勉強時間がふえた。

習い事にかける時間がふえた。（4人）

読書についてのアンケート　4年3組　3ぱん

読書の時間がふえた人（6人）

読みたい本がふえた。（3人）

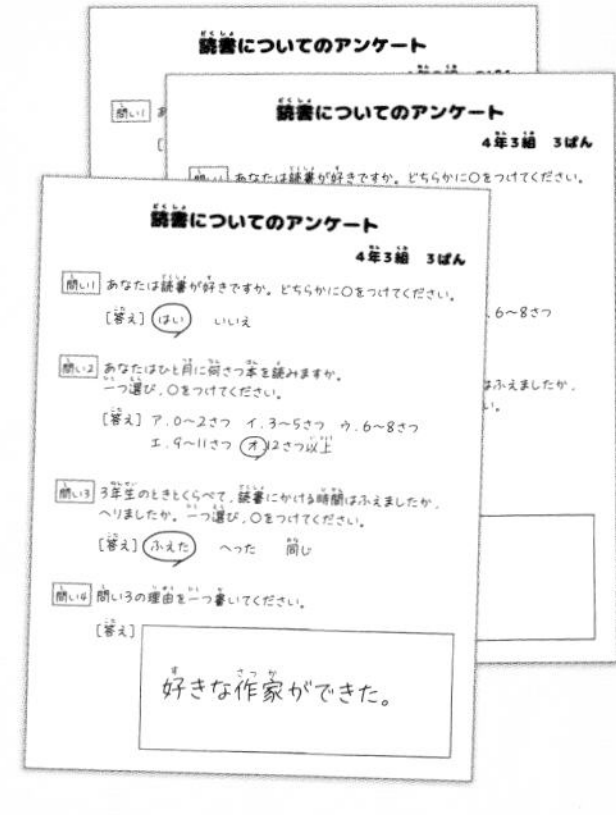

読書についてのアンケート
4年3組　3ぱん
好きな作家ができた。

読書の時間が同じ人（3人）

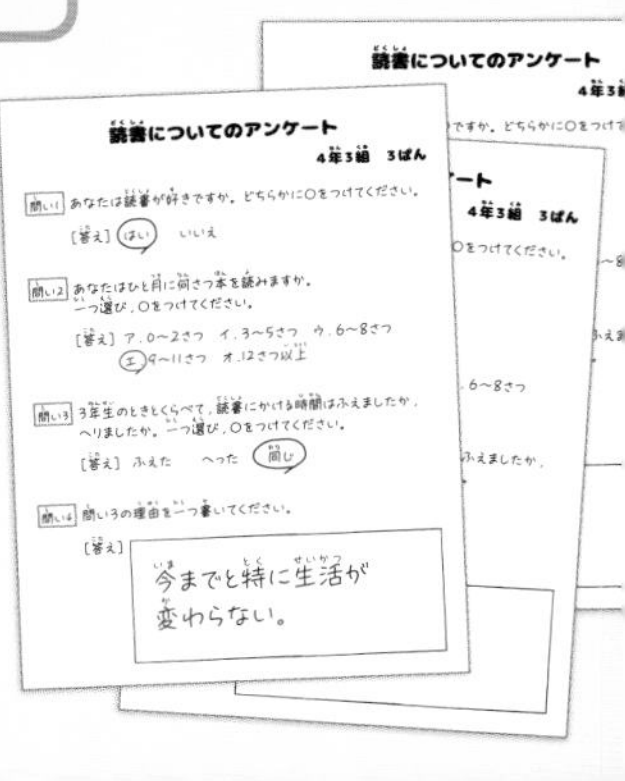

読書についてのアンケート
4年3組　3ぱん
今までと特に生活が変わらない。

【2】資料を作る。

発表のときに見せる、資料を作りましょう。アンケートの結果をグラフや表などにまとめます。

●グラフにまとめる。

問い2は、表の数字を見ても、ひと月に読む本が「0～2さつ」の人がとても多いことがピンとこないね。

そうだね。じゃあ、グラフにして見せるのはどうだろう。

ひと月に何さつ本を読んでいるか。

（人）
20
15
10
5
0

0～2さつ　3～5さつ　6～8さつ　9～11さつ　12さつ以上

●イラストを活用する。

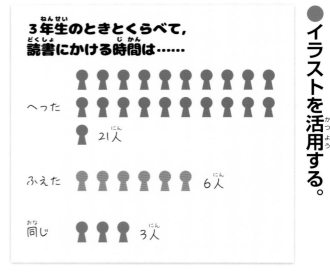

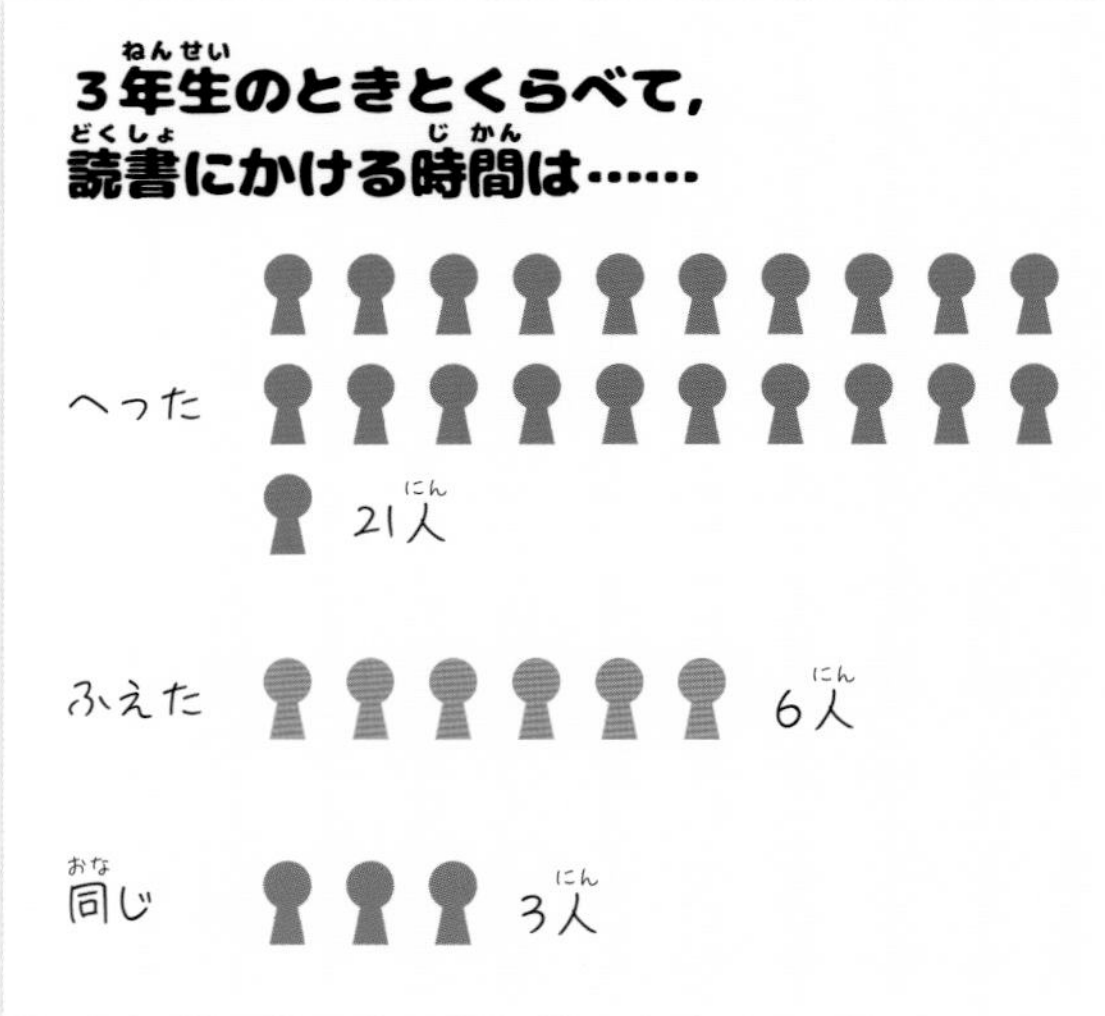

3年生のときとくらべて、読書にかける時間は……
へった
21人
ふえた
6人
同じ
3人

問い3の結果は、イラストを使ったグラフにしてみたよ。それぞれの人数を人の形のマークで表せば、へった人が多いことが、ひと目で分かると思うんだ。

●マトリックスにまとめる。

清水さんが書いたマトリックス

読書にかける時間がへった理由

理由	人数
他の楽しみや遊びにかける時間がふえた。	11
習い事にかける時間がふえた。	4
勉強にかける時間がふえた。	4
その他	2

3【1】でカードと囲みで整理したことをマトリックスにまとめたら、結果が分かりやすくなったよ。

マトリックス
分ける
くらべる
整理する

【3】発表の計画を立てる。

資料を作ったら、**ステップチャート**を使って発表の計画を立てましょう。どのような順番で、だれが、どんなことを話すか決めます。どこで資料を見せるか、声の大きさや話す速さをどうするかなども考えましょう。

アンケートの結果は、二人で分けて発表してはどうかな。

いいと思う！　時間は一ぱんにつき六分だったよね。アンケートの結果を発表するのに、どれくらい時間が必要かな。

ぼくたちが特に伝えたいのは、「他のことにかける時間がふえたことで、本を読めていない人が多い」ということだよね。それをしっかり伝えるためには、どうしたらいいかな。

話し方を工夫してはどうかな。その部分を特に大きい声で、ゆっくり話すようにすれば、みんな注意して聞いてくれると思う。

ステップチャート

順番を考える　計画する

3ぱんが書いた ステップチャート

1 発表する人数に合わせてわくを書く。

2 発表する内容をふせんに書き出す。順番や，かける時間を考えてわくの中にはる。

3 発表する人を決める。

4 かける時間を決める。

清水さん	白山さん	北上さん	大原さん
読書が好きかよびかける。	問い1の結果を発表する。	問い3の結果を発表する。	読書のよさを伝える。
アンケートを取ったきっかけを説明する。	問い2の結果を発表する。	問い4の結果を発表する。	本を読もうとよびかける。
	読書が好きな人は多いが，みんな本はあまり読めていない。	半分以上の人が読書の時間がへった。／他のことにかける時間がふえた。	本を両手に持って見せる。
1分	2分	2分	1分

ポイント

発表する内容のうち，特に大切な部分をメモしておこう。

大きな声で，ゆっくり話す！

話すときの工夫をメモしておこう。

4 発表しよう。

3で書いたステップチャートをもとに、発表します。資料の見せ方や話し方を工夫して、聞き手にアンケートの結果やそこから分かったことが伝わるようにしましょう。

そういえば、最近インターネットで動画を見る時間がふえて、あまり本を読めていないな……

3ぱん　テーマ「読書」

ポイント

よびかけたり，しつもんしたりして，聞く人のきょうみを引こう。

資料を見せるときは，「見てください。」のようによびかけて，聞く人が前を向いてから話し始めよう。

わたしたちは、「読書」をテーマに調査をしました。

読書が好きな人！（手をあげさせる）好きな人がたくさんいますね。みなさんは最近、どれくらい本を読んでいますか。わたしたちのはんでは、四年生になってからやりたいことや、やらなければならないことがふえて、本をあまり読めていないという話が出ました。そこで、四年三組のみなさんにアンケートをお願いしました。今日は、アンケートの結果から分かったことや考えたことを発表します。

まず、読書が好きかどうかの調査結果です。このグラフを見てください。「はい」と答えた人が二十七人で、ほとんどの人が読書が好きだということが分かりました。

では、具体的に、ひと月に何さつ本を読んでいるのでしょうか。調査結果を、グラフにまとめました。もっとも多いのは「0～2さつ」で、十六人いました。これはクラスの半分以上の人数です。次に多いのが「3～5さつ」で、八人でした。予想通り、本が好きな人は多いけれど、実際に読んでいる本の数は少ないということが分かりました。

ひと月に何さつ本を読んでいるか。
資料の見てほしい部分を指さそう。

発表を聞く人は，自分の生活をふり返りながら聞こう。

注目してほしい結果を伝えるときは，大きい声で，ゆっくり話そう。

三年生のときとくらべて、読書にかける時間が変わったかどうかも調査しました。このイラストでしめしたように、結果は「へった」と答えた人が二十一人で、多くの人が本を読む時間がへったことが分かりました。
その理由を、表にまとめました。いちばん多かったのが「インターネットで動画を見る時間がふえた。」「テレビを見る時間がふえた。」「ゲームをする時間がふえた。」など、他の楽しみや遊びにかける時間がふえた人で、合わせて十一人でした。次に多かったのは「習い事にかける時間がふえた。」「勉強にかける時間がふえた。」で、それぞれ四人いました。多くの人が、遊びや勉強など、他のことにかける時間がふえたことで、本を読めていないことが分かりました。

3年生のときとくらべて，
読書にかける時間は…
へった
21人
ふえた
6人
同じ
3人

アンケートの結果から考えたことや伝えたいと思ったことを，特に強く，はっきり言おう。

四年生になって、遊びや勉強に使う時間がふえるのは、とてもよく分かります。ですが、読書を通して深く感動したり、知らないことを知ったり、想像力をはたらかせたりすることは、わたしたちを大きく成長させてくれるはずです。四年生になったからこそ、もうすこし読書のための時間を作って、本を読んでみませんか。
これで、三ぱんの発表を終わります。

5 感じたことを伝え合おう。

発表が終わったら、感想を伝え合いましょう。ぎもんに思ったことをしつもんしたり、発表のよかったところを伝えたりします。

読書の時間がへった理由の「他の楽しみや遊びにかける時間がふえた。」でいちばん多かった回答はなんですか。

最後にアンケートの結果をまとめるだけではなく、「本を読んでみませんか。」とよびかけているのがよいと思いました。

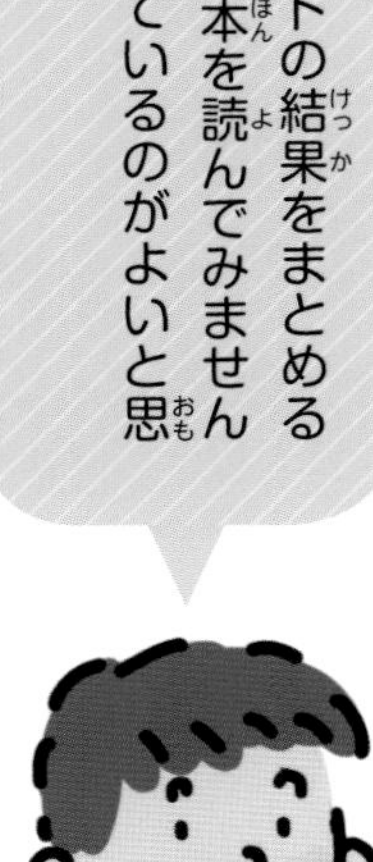

座標軸

くらべる　評価する

座標軸は、条件を決めて、さまざまな意見を整理するときに使うことができます。ここでは、クラスで学習発表会の出し物を決めるときに活用する例をしょうかいします。

クラスみんなで決めるには＊

クラスで話し合いをするとき、多くの人がなっとくできるけつろんを出すためには、司会や記録係の人が、みんなの意見を整理することが大切です。**座標軸**を使って整理してみましょう。

議題　**学習発表会の出し物**
目的　**勉強の成果を発表する**

じゅんびに時間がかからない

1 話し合いの目的をもとに条件を決める。

2 議題にそって提案する。

はい。人気グループの△□の歌を歌うというのはどうでしょうか。みんな歌詞を知っているので、じゅんびに時間がかからないと思います。

1度目は歌，2度目はリコーダーでえんそうしてはどうか。

「さくらさくら」を歌う。

リコーダーのえんそう

詩の群読

何の詩を選ぶ？

ポイント
みんなから出た意見やぎもんを書きとめておこう。

3 記録係の人はみんなから出た意見をふせんに書き出す。

△□の歌を歌う。

「△□の歌を歌う。」ですね。

記録係

＊光村図書の国語教科書の教材名に対応しています。

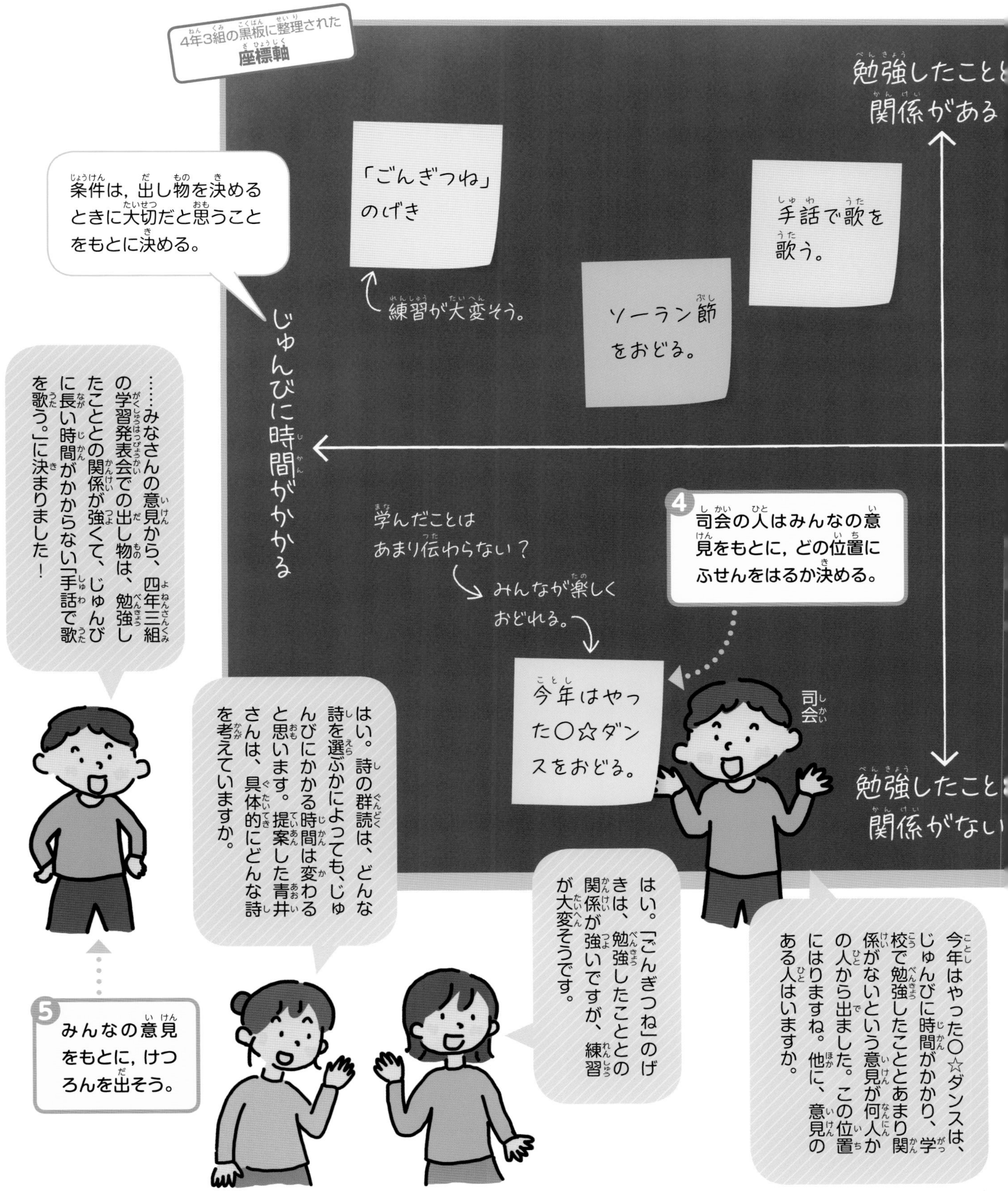

4年3組の黒板に整理された
座標軸

勉強したことと
関係がある

勉強したことと
関係がない

じゅんびに時間がかかる

「ごんぎつね」
のげき

練習が大変そう。

手話で歌を
歌う。

ソーラン節
をおどる。

学んだことは
あまり伝わらない？

みんなが楽しく
おどれる。

今年はやっ
た○☆ダン
スをおどる。

条件は，出し物を決める
ときに大切だと思うこと
をもとに決める。

4 司会の人はみんなの意見をもとに，どの位置にふせんをはるか決める。

司会

今年はやった○☆ダンスは、じゅんびに時間がかかり、学校で勉強したこととあまり関係がないという意見が何人かの人から出ました。この位置にはりますね。他に、意見のある人はいますか。

はい。「ごんぎつね」のげきは、勉強したこととの関係が強いですが、練習が大変そうです。

はい。詩の群読は、どんな詩を選ぶかによっても、じゅんびにかかる時間は変わると思います。提案した青井さんは、具体的にどんな詩を考えていますか。

……みなさんの意見から、四年三組の学習発表会での出し物は、勉強したこととの関係が強くて、じゅんびに長い時間がかからない「手話で歌を歌う。」に決まりました！

5 みんなの意見をもとに，けつろんを出そう。

ここでも使える！

Xチャート

分ける
くらべる
整理する

Xチャートは、ある物事やテーマについて、四つの視点で考えるときに使うことができます。ここでは、伝統工芸について調べたことをまとめて、友達に伝える内容を考えるときに使う例をしょうかいします。

伝統工芸のよさを伝えよう＊

身近な伝統工芸のよさについて、あなたはどんなことを友達に伝えたいですか。調べたことを**Xチャート**で整理すれば、その伝統工芸のよさやとくちょうがひと目で分かります。まとめた内容をもとに、友達に伝えるのにふさわしい理由や例を考えましょう。

大原さん

この前、家族で神奈川県箱根町のおんせんに行ったときに見かけた箱根寄木細工は、細かいもようがきれいだったなあ。これについて調べてみよう。どんなよさやとくちょうがあるのかな。

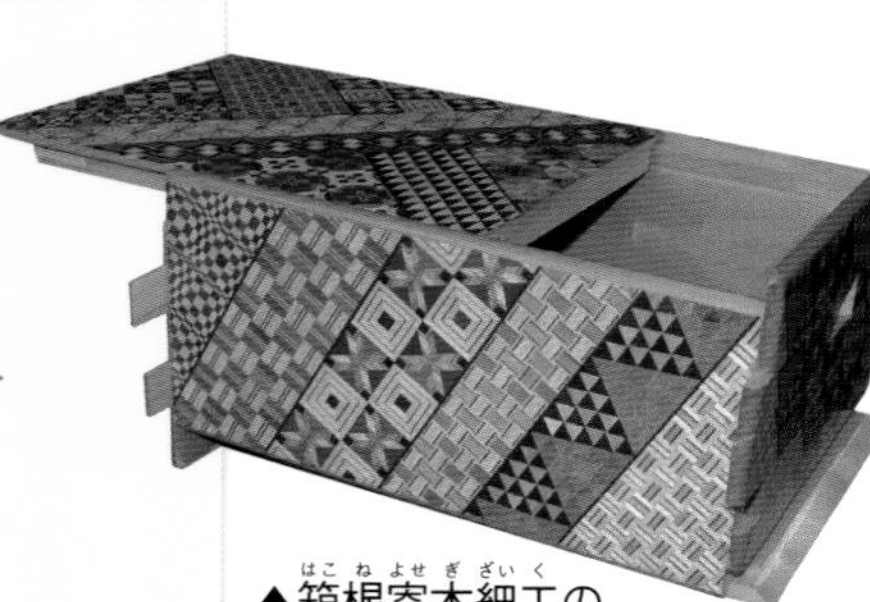

▲箱根寄木細工の秘密箱。

材料

国内外の木を取りよせて使う。

カツラやニガキ、ホオなどさまざまな木。

色もさまざま。

石川仁兵衛が作った。

みやげ物として人気になった。

今もちいきのみやげ物として人気。

木のあたたかみが感じられる。

木の自然な色をいかしている。

＊光村図書の国語教科書の教材名に対応しています。

大原さんが書いた
Xチャート

箱根寄木細工のみりょく

歴史

200年ほど前に生まれた。

1 「おもな産地」や「歴史」など，選んだ伝統工芸について知りたいことをもとに，視点を書く。

神奈川県
小田原市

おもな産地

おんせんが有名。

神奈川県
箱根町

2 伝統工芸について調べ，分かったことをふせんに書き出す。ふせんを視点ごとにはる。

ポイント
ぎもんや考えたこと，さらに調べて分かったことをメモしよう。

箱根寄木細工には、いろいろなよさやとくちょうがあるんだ。そのうち、特に友達に伝わりそうなのは……細かいもようの美しさや、木のあたたかみをいかして作られていることだと思う。これをしょうかいしよう。

3 まとめたことをもとに，友達によさが伝わる理由や例を決める。

木を組み合わせて作られるもよう。

細かなきかがくもよう

見た目

各章で使える言葉や表現

文章を書いたり、話し合ったりするときには、どんな言葉を使うか、どんな表現をするかが大切です。ここでは、この本であつかっている内容に関わりの深い言葉や表現をしょうかいします。

① 事実を分かりやすくほうこくしよう

●ものやことがらの様子を表す言葉

大きい

- きょだいな
- 広大な
- 盛大な
- 大がかりな
- そうだいな
- 大型の

小さい

- ささいな
- ささやかな
- かすかな
- こぶりな
- こじんまりした
- 小型の

多い

- たくさんの
- 大量の
- 数多くの
- 多数の
- 数え切れないほど多くの
- ぼうだいな
- ばくだいな

「数え切れないほど多くの」は、「校庭は、**数え切れないほど多くの人**でいっぱいでした。」のように、数や量があまりに多いことを強調したいときに使うよ。

少ない

- わずかな
- とぼしい
- まばらな

新しい

- しんせんな
- みずみずしい
- ういういしい
- 今までにない

例：「**ういういしい**一年生の一生けんめいなえんぎに、会場からは大きなはくしゅが送られました。」

古い

- 昔の
- 古ぼけた
- 古めかしい
- 時代おくれの

例：「リレーでアンカーをつとめた小倉さんは、**目覚ましい**かつやくを見せた。」

めずらしい

- 変わった
- 他に例がない
- くらべるもののない
- まれな
- めったにない

例：「校長先生によると、今回のように赤組と白組が何度も逆転をくり返すのは、**めったにない**ことだそうです。」

すばらしい

- すごい
- かんぺきな
- 見事な
- もんくのない
- 言うことなし
- 目覚ましい

②考えたことを書き、読み合おう

●考えや意見を伝える言葉

理由をしめす

・その理由は——
・なぜかというと——
・なぜなら——
・——ためである

例：「じしんで家具がたおれるのは、固定していないためである。」

例をしめす

・例を挙げると——
・例えば——
・具体的には——

「具体的には」は、「じしんのときに家具がたおれるのをふせぐためには、家具を固定することが大切です。具体的には、金具やテープ、ベルトなどの道具を使って固定します。」のように、前に書いたことを、よりくわしく、例を挙げて説明するときに使うよ。

話題を広げる

・さらに——
・——に加えて
・他にも——

まとめる

・このように——
・——ということだ
・要するに——
・つまり——

例：「つまり、家具を固定したり、置き方を工夫したりすることは、自分や家族の命を守ることにつながるのです。」

③調べて分かったことを話そう

●言葉や文をつなぐ言葉

説明する

・したがって
・そこで
・よって
・すると
・このように

話題を広げる

・それから
・または
・もしくは
・しかも
・そのうえ

「テレビを見る時間がふえた、もしくはゲームをする時間がふえた人」と言った場合、テレビを見る時間がふえたか、そうでなければゲームをする時間がふえたという人をしめしているよ。

順番をしめす

・最初に
・まず
・次に
・今度は
・最後に
・終わりに

スピーチをするときには、「このように考えた理由は三つあります。一つ目は……」のように、これから話す内容がいくつあるのか最初にしめして、一つ目、二つ目、三つ目……と話していくと、分かりやすいよ。

くらべる

・〇〇と△△とでは——
・〇〇より△△のほうが——
・〇〇は△△ほど——

例：「勉強にかける時間がふえた人は、インターネットで動画を見る時間がふえた人ほど多くなかった。」

資料

図書館を活用しよう

図書館には、たくさんの本や新聞、CD、DVDなどの資料がおいてあります。一般の書店にはおかれていないような古い資料や大型の資料、せんもんてきな資料などもあり、公立図書館であればむりょうで利用することができます。調べものをするときに、とても便利なしせつです。

▼本の分類を知ろう

多くの図書館では、日本十進分類法(NDC)というルールをもとに本を分類しています。ここでは、そのルールと本の背表紙についているラベルの見方をしょうかいします。

本のラベルに書かれている内容は、図書館によってちがうよ。自分がよく利用する図書館ではどうか、ウェブサイトなどでかくにんしよう。

763

分類記号：NDCにもとづいてつけられる。

他の段には，本の著者名やタイトルの頭文字，図書館がその分類記号の中で本を受け入れた順番，いくつかの巻に分かれている本のうち，何巻目にあたるかなどが書かれている。

分類記号のしくみ

1けた目の分類

0	1	2	3	4	5	6	7	8	9
総記	哲学	歴史	社会	自然科学	工業	産業	芸術	言葉	文学

2けた目の分類

70 芸術，美術								
71	72	73	74	75	76	77	78	79
彫刻	絵画、書道	版画	写真、印刷	工芸	音楽、舞踊	劇	スポーツ、体育	レクリエーション

3けた目の分類

760 音楽全般								
761	762	763	764	765	766	767	768	769
音楽の一般理論、音楽学	音楽史、各国の音楽	楽器、器楽	器楽合奏	宗教音楽、聖楽	劇音楽	声楽	邦楽	舞踊、バレエ

例えばピアノについての本は……763に分類されるってことだね！

ピアノのすべて

▼本のならび方のルール

図書館の本だなには、分類記号の他、本のタイトルや著者名などをもとに本がならべられています。

分類記号にしたがって，左から右，上から下へならんでいる。

大きな本は，いちばん下の段におかれていることが多い。

分類ごとに整理されて本だなにならべられているから、目的の本の近くで、その本と関係の深い本が見つかることもあるよ。

ピアノの歴史
ピアノのすべて

▼検索システムを使おう

図書館にある、検索システムを使ってみましょう。本のタイトルや著者名、キーワードから、本をさがすことができます。

〈検索画面の例〉

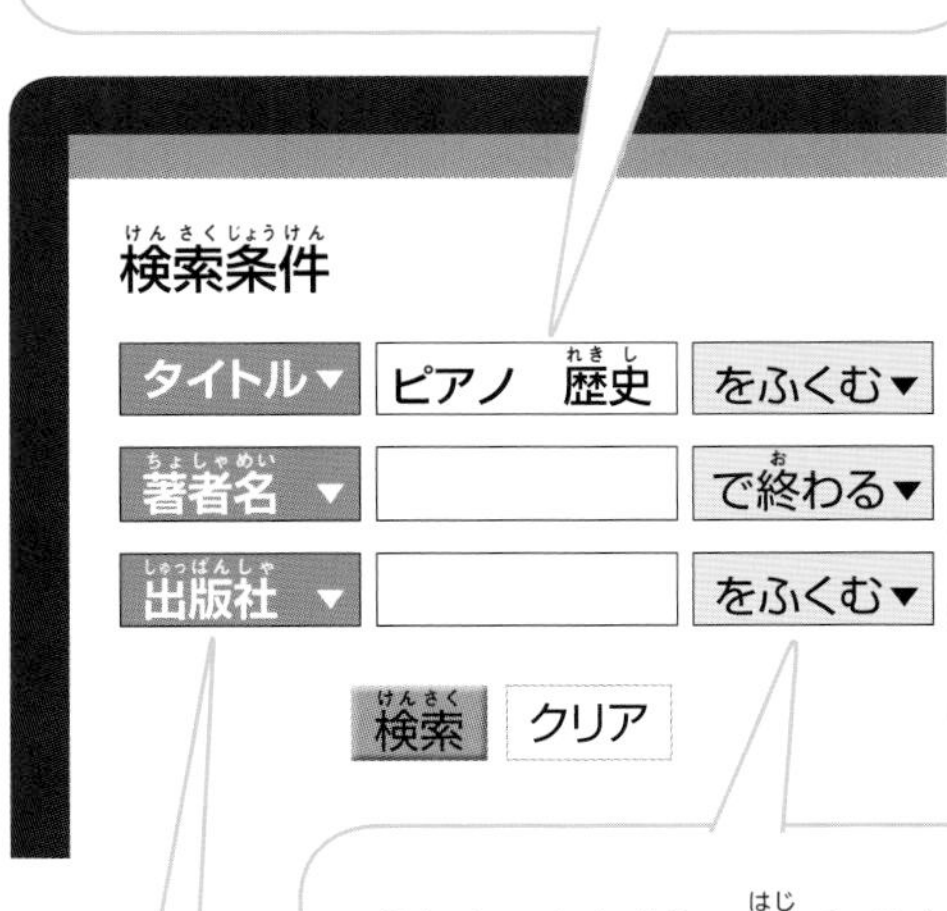
さがしたい本に関わる言葉を入れよう。
検索条件
タイトル
ピアノ　歴史
をふくむ
著者名
で終わる
出版社
をふくむ
検索
クリア
「をふくむ」「で始まる」「で終わる」「と一致する」などから，検索するときのじょうけんを選ぶ。
タイトルや著者名，出版社名，出版年，キーワードなど，さがしている本に合わせて選ぶ。

多くの公立図書館では、インターネットで蔵書(図書館が持っている本)を検索できるようにしているよ。また、各都道府県内の複数の公立図書館の蔵書を、一度に検索できるウェブサイトもあるので、活用しよう！

▼レファレンスサービスを利用しよう

図書館には、調べものを手伝う「レファレンスサービス」という仕事をしている人がいます。資料をさがしていてこまったことがあったら、たずねてみましょう。そのときは、どんなことを調べたいのか、どんなことでこまっているのかを具体的に伝えるようにしましょう。

資料

インターネットを活用しよう

インターネットを使えば、世界中のじょうほうを知ることができます。新しいじょうほうが次つぎに発信され、写真や動画など、文字以外のじょうほうもたくさんあります。ただしインターネットには、まちがっていたり、古かったりするじょうほうもあるため、注意しましょう。

▼検索機能を使おう

調べたいことがあるときには、検索機能を使いましょう。キーワードをふやすことで、検索結果をしぼりこんだりふやしたりすることができます。

固有種 ［検索］

検索結果が多いときは……

●AND検索

固有種 植物 ［検索］

キーワードを空白で区切って，二つ以上入れる。すべてのキーワードをふくむウェブサイトにしぼられる。

●マイナス検索

固有種 −動物 ［検索］

半角のマイナス(−)をキーワードの前に入力すると，そのキーワードをふくまないウェブサイトのみ表示される。

検索結果が少ないときは……

●OR検索

固有種 OR 天然記念物 ［検索］

二つ以上のキーワードの間にORを入れる。キーワードのうち，少なくともどれか一つがふくまれているウェブサイトが表示される。

▼利用するときのルール

だれもが気軽にじょうほうを発信することができるインターネット上には、根拠がはっきりしないじょうほうや、まちがったじょうほうも多く見られます。インターネット上のじょうほうを利用するときには、そのじょうほうをしんらいしてもいいのか、自分で調べ、たしかめることが大切です。

- だれが、いつ発信したじょうほうなのかをたしかめる。
- 国や地方自治体、報道機関など、しんらいできる機関や団体が出しているじょうほうを選ぶ。
- 一つだけではなく、複数のウェブサイトを見たり、本など他の資料も調べたりして、しんらいできるじょうほうかたしかめる。
- インターネット上の文章や画像、動画を利用するときは、自由に利用できるものかどうかかくにんする。文章に引用するなど、利用したときはウェブサイトのタイトルとURLをしめす。

ウェブサイトのじょうほうをすぐに信じず、それが本当かどうか、さらに調べることが大切なんだね。

▼電子メールで問い合わせよう

インターネットを通じて企業や団体などへ問い合わせたいときには、電子メールや、ウェブサイトにある「問い合わせフォーム」を使います。

〈電子メールでの問い合わせの例〉

ポイント：内容がすぐ分かるような件名をつける。

用件（発信者名）

宛先：abcde@▲mail.com
件名：○△市のじしんへのそなえについての問い合わせ(○○小学校 立石すばる)

ポイント：件名に学校名と名前を書く。

相手のしょぞくや名前

○△市役所 防災課
ご担当者様

ポイント：名前が分からないときは「ご担当者様」とする。

あいさつ，自己しょうかい

初めてメールをさしあげます。
○○小学校４年１組の立石すばると申します。

連絡した目的，内容

今，ぼくたちのクラスでは，自然災害にどうそなえればよいのかについて調べています。
つきましては，以下のしつもんに2月8日(月)までに回答していただけないでしょうか。

ポイント：いつまでに回答してほしいか，はっきり書く。

1. ○△市では，過去にじしんで大きなひがいを受けたことがありますか。くわしい内容が分かる資料があれば，送っていただくことはできますか。

2. ○△市では，市民に対してどのようにじしんへのそなえをよびかけていますか。○△市ならではの取り組みがあれば，教えてください。

ポイント：相手が回答しやすいように，聞きたいことは短く，分かりやすくまとめる。

⋮

終わりのあいさつ

おいそがしいところ申しわけありませんが，
ご協力いただけますとありがたいです。
どうぞよろしくお願いいたします。

自分の連絡先

○○小学校　立石すばる
電話：△△-△△△△-△△△△
メール：xyz@■mail.com

資料

文章の書き方の基本

ここでは、「初め」「中」「終わり」のある文章の書き方と、文章を書くときに気をつけることをしょうかいします。

▼「初め」「中」「終わり」のある文章

文章を「初め」「中」「終わり」の三つのまとまりに分ける書き方です。意見や考えを伝えるときによく使います。

じしんにそなえて家具を固定したり、置き方を工夫したりしよう

四年一組　立石すばる

初め

ぼくは、じしんへのそなえのうち、家具をしっかり固定したり、置き方を工夫したりすることが特に大切だと考えました。

中

なぜなら、じしんが起こったとき、たおれたり、こわれたりした家具が原因で多くの人がけがをしているからです。「日本のじしんをふり返る」という本には、「阪神・淡路大震災では、多くの人がねている早朝にじしんが起こったため、たくさんの人がたおれた家具の下じきになりました。」と書いてありました。

例えば、ぼくの部屋には勉強机と本だながあります。ねているあいだにこれらの家具がたおれてきたら、けがをしたり、ゆかに物が散らばってにげおくれたりするかもしれません。それをふせぐ方法として、○△市の防災パンフレットでは「家具を固定したり、家具がたおれても人に当たらない場所に配置したりする」ことをすすめています。

タイトル　ひと目で文章の内容が分かるものにする。

初め　文章の中心となる自分の意見や考え，話題を短くまとめる。

中　意見や考え，取り上げる物事について，具体的な理由や例を挙げ，くわしく説明する。

引用
- かぎかっこ「　」に入れて自分の文章と分ける。
- 最後に出典として著者名や本のタイトルなどをしめす。
- もとの文章をそのまま書き写す。

終わり

文章のまとめにあたる。自分の意見や考えをもう一度書いたり，学習を通じて考えたことを書いたりする。

終わり

じしんは、いつ起こるか分かりません。ですが、家具を固定したり、置き方を工夫したりすることは、やろうという気持ちさえあればすぐにできることです。ぼくはさっそく、自分の部屋の家具がたおれないように固定しようと思います。みなさんも、じしんのときに家具から身を守るため、家族と話し合い、行動にうつしてはどうでしょう。

〈出典〉高島ゆり「日本のじしんをふり返る」ひかり出版 二〇一八年
○△市防災課「○△市防災パンフレット」二〇一九年

参考資料

文章を引用したり，資料として使ったりしたときには，文章の最後に必ず参考にした資料をのせる。

本の場合：著者名「本のタイトル」出版社名 出版年

インターネットの場合
：ページの作成者「ウェブサイト名」（URL）見た日

パンフレットの場合
：発行者名「パンフレットのタイトル」発行年

文章を書くときのチェックポイント

- ☑ 漢字や送りがなのまちがいはないか。
- ☑ 言葉の使い方や表現のまちがいはないか。
- ☑ 主語と述語が対応しているか。
- ☑ 段落を正しく分けているか。
- ☑ 1文が長すぎないか。
- ☑ 事実と考えをしっかり分けているか。

友達に読んでもらう

感想やアドバイスをもらおう。

た行

な行

は行

ま行

ら行・わ行

主要参考資料

『家具類の転倒・落下・移動防止対策ハンドブック 令和2年度版』(東京消防庁),『情報活用　調べて，考えて，発信する　①文化や歴史　やってみよう！ 6テーマ』(光村教育図書),『情報活用　調べて，考えて，発信する　②社会や暮らし　やってみよう！ 6テーマ』(光村教育図書),『調べてみよう！　日本の伝統工芸のみりょく ⑥住にかかわる伝統工芸(2)文具と人形』(ポプラ社),『シンキングツールⓇ～考えることを教えたい～』(NPO 法人学習創造フォーラム),『はじめて知る　みんなの行事とくらし』(学研プラス),『学び力アップ道場② 情報を整理する 新聞術』(フレーベル館),『みんなが書ける！ あつめて、まとめて、書く技術 ②手紙を書く　報告文を書く　新聞を作る　物語を書く』(光村教育図書),『みんなが書ける！ あつめて、まとめて、書く技術 ③意見文を書く　パンフレットを作る　鑑賞文を書く　短歌・俳句を作る　随筆を書く』(光村教育図書)

「NIE 教育に新聞を」(https://nie.jp),「今すぐできる！家の中の地震対策」(NHK)(https://www.nhk.or.jp/sonae/special/bousai_no_chie/index.html),「国立国会図書館 キッズページ しらべてみよう！」(https://www.kodomo.go.jp/kids/research/index.html),「しまった！～情報活用スキルアップ～」(NHK)(https://www.nhk.or.jp/school/sougou/shimatta/),「小学校 国語 教材別資料一覧」(光村図書出版)(https://www.mitsumura-tosho.co.jp/kyokasho/s_kokugo/)

索引

ここでは，この本に出てくる重要な言葉をアルファベット，五十音順にならべ，その内容が出ているページをのせています。

監修

髙木まさき（たかぎまさき）

横浜国立大学教授。専門は国語教育学。著書に『「他者」を発見する国語の授業』（大修館書店），『情報リテラシー　言葉に立ち止まる国語の授業』（編著　明治図書出版），『国語科における言語活動の授業づくり入門』（教育開発研究所）などがある。

編集

青山由紀（あおやまゆき）

筑波大学附属小学校教諭。著書に『青山由紀の授業　「くちばし」「じどう車くらべ」「どうぶつの赤ちゃん」全時間・全板書』，『「かかわり言葉」でつなぐ学級づくり』（ともに東洋館出版社），『こくごの図鑑』（小学館），『古典が好きになる－まんがで見る青山由紀の授業アイデア10』（光村図書出版）などがある。

松永立志（まつながたてし）

前鎌倉女子大学准教授。横浜市教育委員会学校教育部長，横浜市立小学校長として勤務。小学校学習指導要領解説国語編（平成11年，20年）作成協力者を務める。著書に『国語科実践事例集1年2年』（編著　小学館），『発問付でよくわかる！ 教材別板書アイディア53』（編著　明治図書出版）などがある。

協力	豊橋市 （p39）
装丁・デザイン	Zapp! （高橋里佳　桑原菜月）
表紙イラスト	尾田瑞季
本文イラスト	有田ようこ たけだあおい ニシハマカオリ
写真提供	小田原箱根伝統寄木協同組合 （p52）
校正	村井みちよ
執筆協力	大沢康史 橋谷勝博
編集協力	株式会社 童夢

光村の国語　広げる，まとめる，思考ツール❶

アイデア，考え，図で整理　4年

2021年3月22日　第１刷発行

監　修　髙木まさき
編　集　青山由紀　松永立志
発行者　安藤雅之
発行所　光村教育図書株式会社
〒141-0031　東京都品川区西五反田2-27-4
TEL 03-3779-0581（代表）　FAX 03-3779-0266
https://www.mitsumura-kyouiku.co.jp/
印　刷　株式会社 精興社
製　本　株式会社 ブックアート

ISBN978-4-89572-991-8　C8037　NDC375
64p　27×22cm

Published by Mitsumura Educational Co., Ltd. Tokyo, Japan